# Vorwort

*»Tennis ist mehr als gewinnen und verlieren und ein Haufen Kohle.«* – Boris Becker (*1967)

Der Tennissport ist besonders. Für Außenstehende mag er auf den ersten Blick nicht wirklich facettenreich wirken, ist das Grundschema doch stets dasselbe: Zwei Athleten spielen oft mehrere Stunden lang einen Ball über ein Netz und versuchen dabei mit besonders guten Schlägen Punkte zu erzielen oder auf einen Fehler des Gegners zu lauern. Dass ausgerechnet dieser Sport viele interessante Geschichten liefern und Spannung garantieren soll, scheint für so manchen daher abwegig. Dennoch gelingt es dem Tennissport seit Jahrzehnten, auf seine ganz eigene Art und Weise, für Faszination zu sorgen und seine Zuschauer so sehr zu begeistern, dass sie gespannt mehrere Stunden dabei zusehen, wie zwei Athleten den Ball über das Netz spielen.

In diesem Buch erfahren Sie Geschichten, von denen Sie (hoffentlich) noch nie gehört haben und die Ihnen die Einzigartigkeit des Tennissports näherbringen sollen. Sie entdecken Fakten, mit denen Sie andere verblüffen und die mal skurril und abstrus, mal spannend und augenöffnend sind. Sie tauchen ein in die Geschichte eines Sports, der einst von Mönchen ins Leben gerufen wurde und der heute Millionen Menschen in seinen Bann zieht. Sie lernen Tennis von einer völlig neuen Seite kennen und damit auch die größten Ikonen des Sports.

Ich hoffe, dass Sie in diesem Buch vieles lesen werden, das Sie zuvor noch nicht wussten, und dass Sie sich bei der ein oder anderen Anekdote verwundert die Augen reiben. Mir ist bewusst, dass ich nicht garantieren kann, dass jede Geschichte oder jeder Fakt für Sie vollkommen neu ist, aber ich habe mein Bestes gegeben, damit mir dies gelingt.

So unnütz dieses Wissen im ersten Moment auch klingen mag, so interessant sind die einzelnen Fakten bei genauerer Betrachtung. Denn jeder Fakt, wie klein und unbedeutend er auch wirken mag, verrät uns doch stets mehr über die wundersame Welt des Tennis. Mit jedem Turnier, mit jedem Spiel entstehen neue Anekdoten und Geschichten, die den Sport prägen und die Sicht auf ihn verändern. Es sind nämlich oft die kleinen Dinge, die den Sport zu dem machen, was er ist und weswegen wir ihn lieben.

Manuel Tonezzer

# UNNÜTZES TENNIS- WISSEN

**Muss man nicht wissen, vergisst man trotzdem nie mehr**

COPRESS

# Die Fakten

1. Der Vorläufer von Tennis trug den Namen Jeu de Paume (deutsch: Spiel mit der Handinnenfläche) und wurde vorwiegend von Mönchen in Klosterhöfen gespielt.

2. Die Angabe erfolgte, indem die Spieler den Ball über das Netz gegen eine Wand schlugen, die entlang des Feldes verlief. Ursprünglich wurde das Spiel mit der bloßen Handfläche oder mit Handschuhen gespielt.

3. Jeu de Paume wird noch heute von etwa 10 000 Sportlern betrieben.

4. Das heutige Tennis entstand mit neuen Regeln während der ersten Meisterschaften in Wimbledon, die im Juli 1877 stattfanden.

5. Im Jahr 1900 fand mit dem Daviscup der erste länderübergreifende Wettkampf im Tennis statt.

6. Lange war der Sport im Vereins- und Turnierbetrieb nur auf Amateure beschränkt. Erst 1968 wurde die Regel abgeschafft und die sogenannte Open Era eingeführt. Aufgrund dieser Regeländerung tragen viele der bekanntesten Turniere auch heute noch den Beinamen Open.

**7. Die Grand-Slam-Turniere wurden 1924 ins Leben gerufen und sind bis heute die wichtigsten Turniere im Tennissport: die Australian Open in Melbourne, die French Open in Paris, das Turnier in Wimbledon und die US Open in New York.**

8. Früher wurden alle vier Grand-Slam-Turniere auf Rasenbelag gespielt.

9. Heute findet man diesen nur in Wimbledon. In Paris spielt man auf Sand und sowohl bei den US Open als auch bei den Australian Open wird auf einem Hartplatz gespielt.

10. Die ILTF (International Lawn Tennis Federation) wurde 1913 bei einer internationalen Konferenz in Paris gegründet. Abgehalten wurde diese Konferenz von 15 Nationalverbänden.

**11. Da die Bedeutung des Rasenbelags mit der Zeit zurückging und 1977 die US Open von Rasen auf Hartplatz umstellten, wurde der Begriff Lawn aus dem Namen gestrichen, wodurch der heutige Name ITF entstand.**

12. Die Spielergewerkschaft ATP (Association of Tennis Professionals) für die männlichen Profispieler wurde 1972 gegründet, die Spielergewerkschaft WTA (Women's Tennis Association) für weibliche Profispielerinnen im Jahr 1973.

13. In Wimbledon müssen 90 Prozent der Spielkleidung weiß sein. Die Regel wurde ursprünglich eingeführt, um sichtbare Schweißflecken zu vermeiden, und galt nicht nur beim Turnier in Wimbledon. Andre Agassi verweigerte aufgrund dieser Regel die Teilnahme am Turnier und trat drei Jahre in Folge nicht in Wimbledon an.

**14. ATP-Turniere werden in die Kategorien ATP Tour 250, ATP Tour 500 und ATP Tour Masters 1000 eingeteilt. Die Zahl besagt, wie viele Weltranglistenpunkte der Turniersieger bekommt.**

15. Tennis war bei den Olympischen Spielen in Athen 1896 eine der neun ursprünglichen Sportarten.

16. Björn Borg, Andre Agassi, Boris Becker sowie Alexander Zverev zählen zu den bekanntesten Vertretern, die auf dem Tennisplatz mit gut sichtbaren Halsketten spielten.

17. Rafael Nadal trug bei den Australian Open 2022 eine Uhr des bekannten Herstellers Richard Mille. Die RM 27-04, die auf 50 Stück limitiert ist, kostet über 1 Million US-Dollar.

18. **Die ewige Preisgeldliste im Tennis der Herren führt der Serbe Novak Djokovic mit einem Gesamtverdienst von 154 757 000 Dollar an. Dahinter folgen Roger Federer (130 594 000 Dollar), Rafael Nadal (127 121 000 Dollar) und Andy Murray (62 478 800 Dollar).**

19. In der ewigen Preisgeld-Liste der Frauen führt die Amerikanerin Serena Williams (94 236 271 Dollar) vor ihrer Schwester Venus (42 065 362 Dollar) und der Russin Maria Scharapowa (38 777 962 Dollar).

20. Der spanische Fußballprofi Gerard Piqué ist Präsident der Investmentgruppe Kosmos, die für die Revolution des Davis Cups im Jahr 2019 verantwortlich war.

**21. Das weibliche Pendant zum Daviscup ist der Fed Cup, der 1963 zum ersten Mal ausgetragen wurde. Die USA konnten bisher am häufigsten gewinnen (18-mal), gefolgt von Tschechien (11-mal) und Australien (7-mal).**

22. Der Kroate Marin Cilic wurde 2013 wegen einer positiven Dopingprobe für neun Monate gesperrt.

**23. Das Coaching aus der Box der Spieler ist im Tennis bislang verboten.**

24. Lorenzo Musetti wurde vom ATP Turnier in Toronto 2021 ausgeschlossen, da er gemeinsam mit seinem Trainer Essen von einem nahe gelegenen Restaurant bestellte und es dort abholte. Die Corona-Maßnahmen gestatteten das Verlassen des Hotels nicht, also wurde der Italiener disqualifiziert.

25. Der Österreicher Thomas Muster, der in seiner Karriere 44 Titel gewonnen hat, konnte in Wimbledon kein einziges Spiel für sich entscheiden. Zudem verlor er bis auf das Duell mit dem Deutschen Alexander Mronz (2:3) all seine Matches glatt in drei Sätzen.

26. Muster gewann in seiner Karriere 80 Prozent seiner Finalspiele (44 von 55) und hält damit noch heute den Rekord aller Spieler, die mindestens 25 Endspiele erreicht haben.

27. Der tschechische Tennisspieler Jonas Forejtek sorgte in
den sozialen Medien mit einem Video für Aufsehen, das ihn
beim Tennistraining mit einem Kochlöffel anstatt eines Schlä-
gers zeigte.

**28. Der Kochlöffel als Schläger ist eine Erfindung seines
Trainers Jiri Bartos aus dem Jahr 2011, mit der die Präzision
beim Treffpunkt trainiert werden soll. Die Schlagfläche des
»Tennispointers« ist mit einem Durchmesser von nur zwölf
Zentimetern knapp doppelt so groß wie ein Tennisball.**

29. Bis zum Jahr 1972 waren Tennisbälle, je nach Belag, entweder schwarz oder weiß. Die heute übliche neongelbe Farbe wurde unter anderem deswegen gewählt, da sie auf den
Fernsehgeräten besser erkennbar ist.

30. In Wimbledon wurde dennoch bis zum Jahr 1986 aus-
schließlich mit weißen Bällen gespielt.

**31. Roger Federer stand von 2004 bis 2010 bei 23 Grand-Slam-Turnieren in Folge im Halbfinale. Davon entschied er 20 für sich.**

32. In einer Umfrage aus dem Jahr 2016, an der Spieler der Australian Open teilnahmen, gab die Mehrheit an, auf Hartplätzen Bälle der Marke Wilson zu bevorzugen.

33. Die Zählweise im Tennis beruht darauf, dass früher Linien das Feld in vier 15 Zoll (knapp 40 Zentimeter) breite, parallel verlaufende Streifen zu beiden Netzseiten teilten.

34. Jedes Mal, wenn ein Spieler einen Punkt erzielte, durfte er sich einen Streifen weiterbewegen und kam dadurch der Mitte des Feldes näher. Das Spiel begann an der 0-Zoll-Linie, mit jedem Punkt rückte der Spieler um 15 Zoll bis zur 45-Zoll-Linie vor. Da man fand, dass sich die 45-Zoll-Linie zu nahe am Netz befand, wurde die letzte Angabe auf eine 40-Zoll-Linie verkürzt. Dadurch entstand das 15-30-40-Punkte-System.

**35. Die deutsche Tennisspielerin Sabine Lisicki leidet an einer Rasenallergie.**

36. Der kasachische Tennisspieler Alexander Bublik schimpfte bei einem ATP-Turnier in Montpellier, »dass Tennis für ihn die hässlichste aller Sportarten sei«, und er »jeden Tag hasse, an dem er es spielen müsse«. Seinen ersten ATP-Titel gewann er zwei Jahre später – beim Turnier in Montpellier.

37. Die Tunesierin Ons Jabeur war die erste arabische Tennisspielerin, die die Top Ten der Weltrangliste erreichte.

**38. Sie ist auch die bislang einzige arabische Tennisspielerin, die einen WTA-Titel gewinnen konnte. Dies gelang ihr 2021 beim Turnier im englischen Birmingham.**

39. Die Australier Thanasi Kokkinakis und Nick Kyrgios entschieden das Doppelfinale bei den Australian Open 2022 für sich. Am Turnier teilnehmen durften sie nur dank einer Wildcard. Für beide war es der jeweils erste Grand-Slam-Titel ihrer Karriere.

**40. Der Ausdruck Grand Slam stammt aus dem Kartenspiel Whist, das dem heutigen Bridge ähnelte.**

41. Der österreichische Tennisspieler Daniel Köllerer wurde von einem Challenger-Turnier ausgeschlossen, da er sich am WC mit seinem Trainer abgesprochen haben soll.

42. Im Jahr 2006 wurde bei vielen größeren Turnieren das Hawk Eye als Videobeweis eingeführt. Es hilft dabei, schwierige Situationen zu bewerten. Dabei wird bei einer strittigen Szene auf einer Großleinwand angezeigt, ob ein Ball im Aus gelandet ist oder nicht.

43. Jeder Spieler hat pro Satz zweimal die Möglichkeit, auf das Hawk Eye zurückzugreifen. Geht die Partie ins Tiebreak, erhalten die Spieler eine zusätzliche Möglichkeit. In Wimbledon haben die Spieler pro Satz dreimal die Option, einen Punkt überprüfen zu lassen.

**44. Die Mutter von Roger Federer stammt aus Südafrika, wodurch er auch einen südafrikanischen Pass besitzt.**

45. Der Italiener Jannik Sinner gewann als bisher jüngster und am niedrigsten platzierter Spieler die Next Gen ATP Finals der besten Spieler unter 21 Jahren.

46. Vor seiner Tenniskarriere war Jannik Sinner ein erfolgreicher Skifahrer. 2008 wurde er Italienmeister im Riesenslalom, 2012 Vize-Italienmeister in derselben Disziplin.

**47. Der härteste Aufschlag im Tennis gelang dem Australier Sam Groth. Im Mai 2012 schaffte er eine Geschwindigkeit von 263 km/h.**

48. Bei den Damen erreichte der Aufschlag von Sabine Lisicki eine Geschwindigkeit von 210,8 km/h, womit sie den Rekord auf der WTA-Tour hält.

49. Der Japaner Kei Nishikori war der erste Asiate, der ein Grand-Slam-Finale bestritt, der sich zum Jahresende in den Top Ten der Weltrangliste befand und der an den ATP World Tour Finals teilnahm.

**50. Die erfolgreichsten Spieler bei den Masters-Turnieren im Doppel sind die amerikanischen Brüder Bob und Mike Bryan, die gemeinsam 39 Titel errangen.**

51. Zudem holten die Gebrüder Bryan 2012 bei den Olympischen Spielen in London die Goldmedaille und standen insgesamt 438 Wochen an der Spitze der Doppel-Weltrangliste.

52. Das Monte Carlo Masters, das von einer monegassischen Turnierleitung organisiert wird, findet nicht in Monaco, sondern im Monte Carlo Country Club in der französischen Gemeinde Roquebrune-Cap-Martin statt.

**53. Während Alexander Zverev in Hamburg geboren ist, kam sein Bruder Mischa in Moskau auf die Welt. Ihre Eltern Alexander und Irina stammen aus Russland und zogen 1991 nach Deutschland.**

54. Der Argentinier Diego Schwartzman ist Jude und spielte als Jugendlicher im Club Nautico Hacoaj, einem jüdischen Sportverein in Buenos Aires. Benannt wurde Schwartzman nach der argentinischem Fußball-Ikone Diego Maradona.

55. Der Österreicher Dominic Thiem ist bekennender Fan des Chelsea FC.

**56. Aus Zeitgründen brach Thiem frühzeitig die Schule ab und konzentrierte sich voll auf seine Tenniskarriere.**

57. Miguel Angel Nadal, der Onkel des Tennisspielers Rafael, war ein spanischer Fußballprofi. Er spielte unter anderem für den FC Barcelona und 62-mal für die spanische Nationalmannschaft.

58. Der Schweizer Stan Wawrinka ist Fan des Eishockeyklubs Lausanne HC und saß zwischen 2011 und 2015 in dessen Verwaltungsrat.

59. Die Amerikanerin Billie Jean King war die erste Frau, die ein professionelles amerikanisches Tennisteam trainierte, das sowohl aus Frauen als auch aus Männern bestand.

**60. Billie Jean King outete sich 1981, als erste Profisportlerin überhaupt, als homosexuell.**

61. 1990 wurde sie vom *Life Magazine* in die Liste der 100 wichtigsten US-Amerikaner des 20. Jhs. aufgenommen.

62. Novak Djokovic spricht neben seiner Muttersprache Serbisch auch Deutsch, Englisch, Französisch, Italienisch, Slowakisch und Spanisch.

63. Der ehemalige russische Tennisspieler Marat Safin wurde 2011 bei der Parlamentswahl in Russland für die Putin-Partei Einiges Russland als Abgeordneter des Wahlkreises Nischni Nowgorod gewählt. 2017 gab er sein Mandat zurück.

64. Im Alter von 14 Jahren zog Safin nach Valencia, da er dort bessere Trainingsmöglichkeiten vorfand als in Russland.

**65. Rafael Nadal ist eigentlich Rechtshänder, sein Onkel überzeugte ihn jedoch davon, Tennis mit der linken Hand zu spielen.**

66. Der Franzose Fabrice Santoro, der auf der Südsee-Insel Tahiti geboren ist, spielte sowohl seine Vorhand als auch seine Rückhand beidhändig. Zudem führte er auch sein Volleyspiel beidhändig aus.

**67. 2008 führte die WTA-Tour das On-Court-Coaching auf ihren Turnieren ein, wonach Spielerinnen einmal pro Durchgang bei einem Seitenwechsel ihren Coach zur Bank kommen lassen dürfen, um sich mit diesem zu beraten.**

68. Der Tennisplatz hatte früher die Form einer Sanduhr.

69. Die Tennisspieler Novak Djokovic und Gael Monfils hatten einen Gastauftritt im Musikvideo *Hello* des französischen DJs und Produzenten Martin Solveig.

70. 2020 wurde der Rekord für die meisten Zuschauer bei einem Tennisspiel aufgestellt: Bei ihrem »Match in Africa« in Kapstadt zogen Roger Federer und Rafael Nadal 51 954 Fans an.

**71. Nach ihrem Einzel spielten die beiden Tennisstars noch ein Doppel. Federer setzte sich an der Seite von Milliardär Bill Gates mit 6:3 gegen Nadal und den südafrikanischen Comedian Trevor Noah durch.**

72. Der ehemalige italienische Fußballprofi Paolo Maldini gab mit 49 Jahren sein Tennisdebüt. Bei einem Challenger-Turnier in Mailand unterlag er in der ersten Runde im Doppel-Match mit seinem Trainer Stefano Landioni 1:6, 1:6 gegen den Polen Tomasz Bednarek und den Niederländer David Pel.

73. Beim Fünf-Satz-Krimi zwischen John Isner und Milos Raonic 2018, der mehr als drei Stunden dauerte, waren in etwa die Hälfte aller Ballwechsel nach dem Aufschlag entschieden.

**74. Von 241 Ballwechseln gingen zudem nur acht über mehr als neun Schläge. Die durchschnittliche Schlagzahl pro Punkt betrug 2,72.**

75. Knapp die Hälfte aller Profiturniere wird auf Hartplätzen gespielt.

76. John McEnroe war neben seinen herausragenden Fähigkeiten auf dem Platz auch für seine Wutausbrüche bekannt. So bekam der damalige Balljunge und heutige Schauspieler Hayden Christensen bei einem Turnier in Toronto beinahe einen Ball des Amerikaners auf den Kopf.

77. John McEnroe war ebenfalls schon im Kino zu sehen. In der Hollywood-Komödie *Die Wutprobe* spielte er die Rolle eines cholerischen Patienten. In der Netfix-Serie *Noch nie in meinem Leben ...* tritt er außerdem als Erzähler auf.

**78. Die einzigen Profis, die den Grand Slam im Einzel, also alle vier Grand-Slam-Turniere innerhalb eines Kalenderjahres, gewonnen haben, sind Don Budge (1938), Rod Laver (1962, 1969), Margaret Court (1979) und Steffi Graf (1988).**

79. Steffi Graf ist auch die einzige Spielerin, die den Golden Slam gewann. Neben dem Gewinn der vier Grand-Slam-Turniere holte sie 1988 auch die Goldmedaille beim olympischen Tennisturnier. Da Tennis zwischen 1928 und 1984 nicht olympisch war, war der Golden Slam vor jenem von Steffi Graf nur viermal möglich (1908, 1912, 1920 und 1924).

**80. Im Rollstuhltennis gelang der Niederländerin Diede de Groot ebenfalls der Gewinn des Golden Slams.**

81. Roger Federer ließ sich aus medizinischen Gründen als militäruntauglich erklären.

82. Meshkatolzahra Safi ist die erste Iranerin, die eine Partie bei einem Grand-Slam-Turnier gewinnen konnte. Bei 35 °C gewann die 17-Jährige, die als erste Frau überhaupt mit Kopftuch spielte, bei den Australian Open 2022 ihr Auftakt-Match gegen die Australierin Anja Nayar mit 6:4 und 6:3.

83. Bei einem Showmatch 2005 in Dubai duellierten sich Roger Federer und Andre Agassi auf dem Helikopter-Landeplatz des Burj Al Arab. Das Spiel fand in 300 Metern Höhe statt und kostete den Veranstalter etwa 25 000 US-Dollar.

**84. Das Duell in Dubai war jedoch nicht das einzige, das in einer kuriosen Spielstätte ausgetragen wurde. So schlugen Roger Federer und Tomas Berdych einige Bälle auf einem auf der Moldau fahrenden Schiff in Prag.**

85. Richard Gasquet lässt sich bei eigenem Aufschlag nach einem gewonnenen Punkt den gleichen Ball erneut geben.

**86. Ivan Lendl spielte sowohl für die damalige Tschechoslowakei als auch für Amerika.**

87. Bei einem Duell zwischen der Deutschen Angelique Kerber und der Chinesin Shuai Zhang in Peking brannten bei einem Fan der chinesischen Tennisspielerin die Sicherungen durch. Der Mann schlug auf seinen jüngeren Sitznachbarn ein, da dieser lediglich für die deutsche Tennisspielerin applaudiert haben soll.

88. In Florida ist ein Tennisspiel zwischen Mitchell Krueger und Frances Tiafoe aufgrund von zu lauten Sexgeräuschen unterbrochen worden. Während zuerst vermutet wurde, dass die Töne von dem Handy eines Zuschauers stammen würden, stellte sich heraus, dass die Geräusche aus einer Wohnung in der Nähe des Tennisplatzes kamen.

**89. Bei dem Australian-Open-Turnier im Jahr 2022 imitierten zahlreiche Fans den bekannten Siuu-Jubel des portugiesischen Fußballers Cristiano Ronaldo.**

90. Der Tiebreak im Tennis wurde 1963 vom US-Amerikaner Jimmy van Alen erfunden. Sieben Jahre später wurde er in die Tennisregeln aufgenommen.

**91. Rafael Nadal gewann in seiner Karriere bisher 30 Turniere, ohne auch nur einen Satz zu verlieren.**

92. Das Turnier in Wimbledon hat als einziges der vier Grand Slams nie seinen Standort gewechselt und wurde bislang immer auf dem gleichen Bodenbelag gespielt – auf Rasen.

93. Mit seinem Drittrundensieg gegen Novak Djokovic in Indian Wells wurde Philipp Kohlschreiber mit 35 Jahren zum ältesten Spieler bei einem Debütsieg gegen einen Weltranglistenersten.

**94. Der älteste Spieler, der einen aktuellen Weltranglistenersten besiegen konnte, ist Roger Federer, der mit 36 Jahren Rafael Nadal 2017 beim Turnier in Shanghai schlug.**

95. Der Brite Fred Perry war der erste Wimbledonsieger, der aus der Arbeiterklasse stammte. Insgesamt konnte er das Turnier dreimal für sich entscheiden (1934, 1935, 1936), für das er sich 1929 erstmals qualifiziert hatte. Im selben Jahr wurde er in Budapest zudem Weltmeister im Tischtennis.

**96. Während des Zweiten Weltkrieges war Fred Perry in der US Air Force, 1947 kehrte er nach England zurück und gründete die nach ihm benannte Modemarke. Für den Lorbeerkranz als Emblem entschied er sich, da er solch einen beim All England Cup im Jahr 1935 gewonnen hatte.**

97. Der Spanier Nicolas Alvarez Varona tauchte 2015 im Alter von 14 Jahren erstmals im ATP-Ranking auf und ist damit der jüngste Spieler aller Zeiten. Alvarez stieg dank eines Punktes beim ITF-Future-Turnier in Ovieda auf Platz 1735 in die Weltrangliste ein.

98. Der jüngste Spieler, der je ein ATP-500-Turnier gewann, ist Carlos Alcaraz. Der Spanier entschied mit 18 Jahren das Turnier in Rio de Janeiro für sich.

**99. Der Belgier David Goffin musste bei seinem Halbfinalduell gegen Grigor Dimitrov in Rotterdam aufgeben, da er bei einem Volleyversuch den Ball unglücklich an den Schlägerrahmen bekam und dieser von dort aus an sein Auge sprang.**

100. Der Schwede Stefan Edberg und der US-Amerikaner John McEnroe sind die einzigen Spieler, die seit der Einführung der ATP-Weltrangliste sowohl im Einzel als auch im Doppel die Nummer eins der Welt waren.

**101. 2021 erhielten die Sieger der US Open 2,5 Millionen US-Dollar. Bei den Herren gewann Daniil Medwedew das Turnier, bei den Frauen Emma Raducanu. Das Gesamtpreisgeld des Turniers betrug 57,5 Millionen US-Dollar.**

102. Nach ihrer Tenniskarriere studierte die US-Amerikanerin Andrea Jaeger, einst Weltranglistenzweite, Theologie. 2006 wurde sie Nonne in der anglikanisch-dominikanischen Kirche.

**103. Althea Gibson war die erste dunkelhäutige Tennisspielerin. Sie nahm 1950 erstmals an den US Open teil und gewann in ihrer Karriere elf Grand-Slam-Titel.**

104. Im Alter von 37 Jahren wurde sie 1964 zudem die erste afroamerikanische Profigolferin. Die Amerikanerin musste sich damals gelegentlich in ihrem Auto umziehen, da ihr das Betreten von Umkleidekabinen nicht gestattet wurde.

105. 1975 gewann der US-Amerikaner Arthur Ashe als erster dunkelhäutiger Tennisspieler das Turnier in Wimbledon. Heute ist das Hauptstadion des Tennis Centers in Flushing Meadows, dem Spielort der US Open, nach ihm benannt. Seine Karriere musste Ashe, der insgesamt 33 Titel gewann, aufgrund eines Herzinfarktes im Jahr 1979 beenden.

**106. Die erste Austragung des Challenger-Turniers auf der französischen Übersee-Insel La Reunion wurde 2011 wegen starken Regens und Überschwemmungen abgebrochen. Insgesamt fand das Turnier nur ein Mal statt: im Jahr 2014, als Robin Haase auf einem Hartplatz über Florent Serra triumphierte.**

107. Vor dem Herrenfinale des Wimbledon-Turniers im Jahr 1996 stürmte die Pizzaverkäuferin Melissa Johnson auf den Centre-Court und avancierte damit zur ersten Flitzerin der Tennisgeschichte.

**108. Das lauteste »Grunting«, also eine Lautäußerung im Tennis bei Schlägen, wurde bei der Portugiesin Michelle Larcher de Brito gemessen. Es entsprach einer Lautstärke von etwa 109 Dezibel.**

109. Die BBC nutze 2011 bei Übertragungen von Tennisspielen aus Wimbledon eine spezielle Software, mit der störende Geräusche der Sportler gegenüber der Stimme des Sprechers weitgehend ausgeblendet werden können.

110. Novak Djokovic und Venus Williams leben vegan.

111. Mary Joe Fernández ist die einzige Spielerin, die das Jugendturnier Orange Bowl in jeder Altersklasse gewinnen konnte. An dem Turnier nahmen einst auch Andre Agassi, Arthur Ashe, Björn Borg, Roger Federer und Hana Mandlíková teil.

112. Die Amerikanerin Coco Gauff wurde von ihren Eltern zu Hause unterrichtet.

113. Für seinen Sieg bei den ATP Masters in Paris erhielt Novak Djokovic als Trophäe einen Baum aus Metall.

**114. Die Indian Wells Masters und die Miami Masters werden als Sunshine-Double bezeichnet. Bevor das Turnier in Indian Wells ausgetragen wurde, fand es unter anderem in La Quinta, Rancho Mirage und Palm Springs statt.**

115. Der älteste Daviscup-Spieler der Geschichte ist Yaka-Garonfin Kaptigan aus Togo. Zum Zeitpunkt seines letzten Spiels war er 58 Jahre alt.

116. Der jüngste Spieler ist der Liechtensteiner Kenny Banzer, der sein Land im Alter von 14 Jahren und fünf Tagen beim Daviscup vertrat.

**117. Bei den jährlich verliehenen ATP-Awards wird unter anderem das Comeback des Jahres gekürt. Die meisten Auszeichnungen in dieser Kategorie erhielten Juan Martin del Potro, Tommy Haas und Sergi Bruguera mit je zwei.**

118. Daneben wird auch der Newcomer des Jahres, der »Most Improved Player« und der »Arthur Ashe Humanitarian Award« vergeben.

**119. Beim ATP-Turnier in Acapulco absolvierten Alexander Zverev und Jenson Brooksby das späteste Match der Tennisgeschichte. Erst um 4:55 Uhr Ortszeit entschied der Deutsche die Partie für sich. Bisher fand noch kein Spiel der ATP-Historie ein späteres Ende.**

120. Wenn ein Tennisball den Körper eines Gegners berührt, erhält der andere Spieler den Punkt.

**121. Der Chocolatier Jorge Cardoso baute aus rund 100 Kilo Schokolade eine Statue von Roger Federer. Dafür benötigte er ca. 250 Stunden.**

122. Coco Gauff avancierte 2022 zur jüngsten Spielerin seit dem Jahr 1998, die die WTA-Weltrangliste im Doppel anführte. Vor ihr war nur eine Athletin jünger an der Spitze gesetzt: die Schweizerin Martina Hingis im Alter von 17 Jahren.

123. Der pakistanische Tennisspieler Aisam-ul Haq Qureshi begann erst mit zwölf Jahren Tennis zu spielen. Seine erste Trainerin war seine Mutter Nosheen Ihtsham, die ehemalige pakistanische Nummer eins im Tennis.

**124. Doppelexperte Mark Knowles spielte für die Bahamas. Mit 29 Partien ist er Rekordspieler seines Landes, für das er zwischen 1992 und 2008 an fünf Olympischen Spielen teilnahm.**

125. Der beste Saisonstart der Tennisgeschichte gelang Novak Djokovic. Er gewann im Jahr 2011 ganze 41 Spiele hintereinander.

126. Andy Murray verkündete 2022, dass er das gesamte Preisgeld, welches er in diesem Jahr einnehmen sollte, spenden werde.

**127. Roger Federer verzichtete seit dem Jahr 2008 auf das Skifahren, da ihm das Verletzungsrisiko zu hoch war.**

128. Monica Seles betreibt gemeinsam mit den Sportikonen Shaquille O'Neal, Wayne Gretzky, Andre Agassi und Tiger Woods eine Sportrestaurantkette mit dem Namen All Star Cafe.

129. Daniil Medwedew ist mit einer Körpergröße von 198 Zentimetern der größte Weltranglistenerste der Geschichte.

130. Dustin Brown ist vor allem für seine Dreadlocks bekannt. Diese erhielten eigenen Angaben zufolge seit 1996 keinen Schnitt mehr.

**131.** In Deutschland wird der Tennissport vom Deutschen Tennis Bund (DTB) organisiert, der sich in Landesverbände aufteilt. Er organisiert neben dem Ligaspielbetrieb auch sämtliche Turniere, das Nationalteam und kümmert sich um die Ausbildung der Tennistrainer.

132. Steffi Graf gewann mit sechs Jahren das traditionelle Jüngsten-Turnier in München.

**133.** Im Jahr 2021 fand erstmals ein Laver-Cup ohne Roger Federer, Rafael Nadal oder Novak Djokovic statt.

134. Rafael Nadal gewann das Monte Carlo Masters achtmal in Folge (von 2005 bis 2012). Dies ist die längste Siegesserie bei einem Turnier in der Open Era.

135. Das längste Tennisspiel in der Geschichte ereignete sich im Jahr 2010 in Wimbledon und dauerte drei Tage an. Das Duell zwischen John Isner und Nicolas Mahut gewann Ersterer mit 6:4, 3:6, 6:7, 7:6 und 70:68. Insgesamt dauerte die Begegnung elf Stunden und fünf Minuten.

136. Neben dem Rekord für das längste Tennisspiel stellten Isner und Mahut auch jenen für den längsten Satz (acht Stunden und elf Minuten) auf. Das war länger als der bisherige Rekord für das längste Spiel, der zuvor bei sechs Stunden und 33 Minuten lag.

**137. Bunny Austin war 1993 der erste Mann, der auf einem Tennisplatz Shorts getragen hat.**

138. Novak Djokovic hat eine Glutenunverträglichkeit.

**139. Stefan Edberg ist der bisher einzige Spieler, dem es gelungen ist, als Nachwuchsspieler den Junior Grand Slam zu gewinnen.**

140. Der Spanier Feliciano Lopez hält den Rekord für die längste unterbrechungslose Teilnahme an allen Grand-Slam-Turnieren (79). Seit den French Open 2002 hat er kein Turnier mehr verpasst.

**141.** Zudem hat Lopez die meisten Siege gegen Spieler in den Top Ten der Weltrangliste errungen (38), ohne je selbst in den Top Ten gewesen zu sein.

142. Die häufigsten Verletzungen bei Tennisspielern sind am Sprung- und Kniegelenk.

143. Die längste Daviscup-Begegnung der Geschichte dauerte 113 Tage. Am 1. März 1976 ging Australien mit 2:1 gegen Neuseeland in Brisbane in Führung. Fortgesetzt wurde das Aufeinandertreffen aufgrund von Komplikationen im Terminkalender jedoch erst am 19. Juni im englischen Nottingham.

144. Beim Spiel zwischen Tommy Haas und Jiri Vesely in Miami kletterte ein Leguan auf den Platz und sorgte dafür, dass die Partie für mehrere Minuten unterbrochen wurde.

**145.** Bei einem Challenger-Turnier in Fürth huschte hingegen eine zwei Meter lange Schlange auf den Platz, auf dem sich mit Julian Reister und Caio Zampieri gerade zwei Tennisspieler befanden.

**146. Der Russe Marat Safin zerstörte im Jahr 1999 allein 48 Schläger.**

147. Andy Roddick spielte im Kinofilm *Meine erfundene Frau* mit Adam Sandler eine Nebenrolle.

148. Der US-amerikanische Tennistrainer Nick Bollettieri diente in der United States Army und wurde bei den Fallschirmjägern zum Oberleutnant befördert.

149. Die ehemalige Weltranglistenerste Maria Scharapowa (Russland) wurde 2016 für 15 Monate gesperrt, da sie positiv auf die verbotene Substanz Meldonium getestet wurde.

150. Fabio Fognini bezeichnete die schwedische Stuhlschiedsrichterin Louise Engzell bei den US Open 2017 als »hässliches Eichhörnchen«.

**151. Die ITF schreibt vor, dass das Gewicht eines Tennisballes zwischen 56 g und 59,4 g liegen muss.**

152. Im Jahr 2021 gab es in Deutschland 8794 Vereine und 45 857 Tennisplätze. Davon sind 40 433 Freiluftplätze und 5424 Hallenplätze.

**153. Der Spieler mit den meisten Einzeltiteln bei Challenger-Turnieren (29) ist Lu Yen-hsun aus Taiwan. Bei den Doppelsiegen führt der Thailänder Sanchai Ratiwatana mit 48 Titeln vor seinem Bruder Sonchat Ratiwatana (46 Titel).**

154. Den Rekord für die meisten Challenger-Titel insgesamt hat der Argentinier Horacio Zeballos inne. Er gewann in seiner Karriere 49 Challenger-Turniere.

155. Beim Turnier in Wimbledon ist der Wüstenbussard Rufus im Einsatz, dessen Aufgabe es ist, Tauben zu verscheuchen. Neben Wimbledon ist Rufus auch beim Fußballklub Fulham FC sowie im Londoner Stadtzentrum aktiv.

156. Der älteste Tennisplatz ist der Royal Tennis Court im Hampton Court Palace, der zwischen 1526 und 1529 errichtet wurde. Er befindet sich im Südwesten Londons.

**157. Jimmy Connors gewann die US Open auf drei verschiedenen Belägen.**

158. John Pius Boland war 1896 der erste Tennisspieler, der bei den Olympischen Spielen Gold gewann. Damals nahmen insgesamt 15 Athleten aus sechs verschiedenen Nationen teil.

**159. Um das Teilnehmerfeld beim ersten olympischen Tennisturnier zu vergrößern, fügten die Veranstalter Sportler aus anderen Disziplinen hinzu, zum Beispiel die Leichtathleten Edwin Flack und Friedrich Adolf Traun oder den Gewichtheber Momcsillo Tapavicza.**

160. Beim Turnier in Cincinnati verließ Nick Kyrgios den Platz gen Toilette, um dort zwei Schläger zu zerstören.

161. Dem Zyprioten Marcos Baghdatis gelang hingegen das Kunststück, in nur 25 Sekunden ganze vier Schläger zu zertrümmern. Davon befanden sich zwei noch in ihren Schutzhüllen.

162. Der Franzose Benoît Paire wurde 2016 in Rio de Janeiro wegen nicht näher benanntem Fehlverhalten aus dem olympischen Dorf und dem Olympiateam verbannt.

163. Das Arthur Ashe Stadium im Flushing-Meadows-Park in New York ist mit 22 547 Plätzen die größte Tennisarena der Welt. Dahinter folgen der Sportpaleis in Antwerpen (18 400), die O2 Arena in London (17 500), der Tennis Garden in Indian Wells (16 100) und der Court Philippe Chatrier (15 166) in Paris.

164. Der Kroate Goran Ivanišević soll sich einmal als »Soldat mit Tennisschläger« bezeichnet haben.

165. Wishaya Trongcharoenchaikul ist der Spieler mit dem längsten Namen, der je in Wimbledon aufschlug.

166. Der Aufschläger darf das Tennisfeld erst betreten, nachdem der Ball den Schläger berührt hat. Andernfalls begeht er einen Fußfehler. Spieler dürfen das Netz zudem weder mit einem Körperteil noch mit dem Schläger berühren.

167. Der Spitzname von Jo-Wilfried Tsonga (Frankreich) lautet Ali.

168. Im Alter von 16 Jahren kam der Grieche Stefanos Tsitsipas während eines Urlaubs auf der Insel Kreta beinahe ums Leben: Beim Baden im Ägäischen Meer wurde er durch starke Strömungen aufs offene Meer gezogen und konnte sich nur knapp retten.

**169. Der Franzose Gael Monfils war als Kind ein äußerst begabter Basketballspieler.**

170. Mit einer Siegesquote von 90 Prozent ist Chris Evert die erfolgreichste Einzelspielerin aller Zeiten.

171. Der längste Ballwechsel dauerte drei Stunden und 33 Minuten. Aufgestellt haben ihn Will Duggan und Ron Kapp beim Turnier in Santa Barbara im Jahr 1988. Die beiden spielten den Ball 6202-mal über das Netz.

172. Der längste Ballwechsel bei den Damen erstreckte sich über 29 Minuten und wurde 1984 beim WTA-Turnier in Richmond von Vicki Nelson und Jean Hepner aufgestellt.

**173. Der Westerngriff ist ein spezieller Vorhandgriff beim Tennis, der einen deutlich stärkeren Topspin-Schlag ermöglicht. Der Treffpunkt des Balles liegt bei diesem Griff weit vor dem Körper. Der Griff wird unter anderem von Rafael Nadal verwendet.**

174. Rafael Nadal mag die Dunkelheit nicht und schläft lieber mit Licht und laufendem Fernseher.

**175. Die Tennis Hall of Fame befindet sich im Newport Casino, einem Tennismuseum in Amerika. Dort fand von 1881 bis 1914 der Vorläufer der US Open statt.**

176. Unter den Mitgliedern der Hall of Fame befinden sich momentan sechs Deutsche: Gottfried von Cramm, Boris Becker, Steffi Graf, Hans Nüsslein, Hilde Sperling und Michael Stich.

**177.** Bob Hewitt, der 1992 in die Ruhmeshalle aufgenommen wurde, wurde 2012 wieder aus der Liste gelöscht, da er unter dem Verdacht des Kindesmissbrauchs stand. 2015 wurde er zu sechs Jahren Gefängnis verurteilt.

178. Im Jahr 1988 gab Nordkorea eine Sonderbriefmarke mit dem Bild von Steffi Graf heraus.

**179.** Der Ursprung des Wortes Tennis geht vermutlich auf den anglonormannischen Ausruf »Tenez!« zurück, der so viel wie »Nehmt!« oder »Haltet!« bedeutet. Jedoch gibt es auch Vermutungen, dass der Begriff vom lateinischen Wort *taenia* (Kopfbinde) oder vom französischen Ortsnamen Tennois abstammt.

180. Bis in die 1980er wurden hauptsächlich Tennisschläger mit einem Holzrahmen benutzt. Die ersten Metallschläger kamen in den 1960ern auf den Markt.

**181.** Die Schläger dürfen laut den Regeln des ITF eine maximale Gesamtlänge von 73,7 Zentimetern und eine maximale Breite von 31,7 Zentimetern aufweisen.

**182.** Die Rumänin Simona Halep hält den Rekord für die meisten Siege überhaupt bei WTA-1000-Turnieren. Sie entschied bisher 182 Partien für sich.

**183.** Nur zwei Spielern gelang es, Boris Becker in einem Daviscup-Spiel zu besiegen: dem Spanier Sergio Casal, der den Deutschen zweimal schlug, sowie dem Niederländer Paul Haarhuis.

184. Die Französin Esther Thebault servierte 2018 bei einem ITF-Turnier in Le Havre 42 Doppelfehler.

**185. Das längste Grand-Slam-Finale dauerte 5:53 Stunden. Das Finale der Australian Open 2012 zwischen Novak Djokovic und Rafael Nadal endete mit 5:7, 6:4, 6:2, 6:7 und 7:5 für den Serben.**

186. Aufgrund der langen Anreise verzichteten zu früheren Zeiten einige Spieler auf eine Teilnahme an den Australian Open, so zum Beispiel Björn Borg, Andre Agassi oder Jimmy Connors.

**187. Im Jahr 2019 fand das erste internationale Tennisturnier in Saudi-Arabien statt.**

188. Ein Stuhlschiedsrichter kann einen Spieler bestrafen, falls dieser gegen den Verhaltenskodex verstößt. Verboten sind unter anderem unsportliches Verhalten, Fluchen, Beleidigungen des Schiedsrichters, Gegners oder des Publikums sowie Spielverzögerung und das Verlassen des Platzes ohne Genehmigung des Schiedsrichters.

189. Im Englischen wird der Spielstand 0 als »love« bezeichnet. Der Ausdruck ist seit 1742 nachweisbar und entstand aus der damaligen Redewendung »playing for love«.

**190. Im Alter von 15 Jahren gewann Coco Gauff als Lucky Loser bei den Upper Austria Ladies Linz 2019 ihr erstes Turnier auf der WTA-Tour.**

191. Der Deutsche Tennis Bund ist mit rund 1,4 Millionen Mitgliedern der größte Tennisverband der Welt.

192. Der US-Rapper Redfoo feierte 2016 bei einem ITF-Future Event mit 41 Jahren sein Profidebüt im Tennis. Mit seinem Doppelpartner Chris Wettengel unterlag er in der ersten Runde Hunter Callahan und Martin Redlicki (1:6, 1:6).

**193. Der Laver Cup, der nach der australischen Tennisikone Rod Laver benannt ist, ist ein internationales Tennisturnier der Herren, das seit 2017 besteht und jährlich zwei Wochen nach den US Open stattfindet.**

194. Beim Laver Cup fordern sechs europäische Topspieler sechs Konkurrenten aus dem Rest der Welt heraus. Bisher gewann das Team Europa alle vier Duelle gegen das Team Welt.

195. Bei einem Juniorenturnier der US Open traf ein Aufschlag von Stefan Edberg einen Linienrichter unglücklich in den Unterleib. Dieser stürzte daraufhin vom Stuhl und zog sich einen Schädelbasisbruch zu, an welchem er verstarb.

**196. Ab dem Jahr 2006 war Edberg einige Jahre lang Teil der Erstliga-Mannschaft des Squashvereins von Växjö.**

197. Die Balljungen und Ballmädchen, die in Wimbledon im Einsatz sind, kommen aus den Schulen der nahe gelegenen Londoner Stadtteile.

**198. Um beim Turnier von Wimbledon eingesetzt zu werden, müssen sie von ihren Schulleitern nominiert werden und eine schriftliche Prüfung sowie einen Fitnesstest bestehen.**

199. Bei den Olympischen Spielen in London 1908 und Stockholm 1914 wurden Medaillen im Hallen- und Freilufttennis vergeben. Beide Turnier zählten als einzelne Wettbewerbe.

200. Novak Djokovic hält den Rekord für die meisten Wochen an der Spitze der Weltrangliste der Herren. Er befand sich dort 370 Wochen lang auf Platz eins. Roger Federer war 310 Wochen lang Erster, Pete Sampras brachte es auf 286.

**201. Mit 1274 Profisiegen hält Jimmy Connors den Rekord für die meisten Erfolge unter Profispielern.**

**202.** Zudem absolvierte keiner so viele Spiele wie der US-Amerikaner: Connors stand in seiner Karriere 1557-mal auf dem Platz.

203. Tennisplätze wurden früher in nicht mehr zur Verteidigung benötigten Burggräben angelegt. Später wurden in Schlössern sogar eigene Säle zum Ballspielen errichtet.

204. Die ersten dieser Säle entstanden in den italienischen Schlössern von Mantua und Ferrara.

**205. Die meisten Einzeltitel bei den Herren sammelte Jimmy Connors (109). Bei den Frauen gewann Martina Navratilova die meisten Titel (167).**

206. Tommy Haas stellte gemeinsam mit 31 Verbandsligaspielern einen Rekord im Dauertennis auf: Gemeinsam spielten sie einen Ballwechsel über fünf Tage, fünf Stunden, fünf Minuten und fünf Sekunden. Der Ball wechselte 105 160-mal die Seite und landete dabei nur 254-mal im Aus oder im Netz.

**207. Einen Golden Set, also einen 6:0-Satzgewinn ohne Punktverlust, schaffte auf Profiebene bisher nur der US-Amerikaner Bill Scanlon im Spiel gegen Marcos Hocevar aus Brasilien.**

208. Die jüngste Führende der Weltrangliste war die Schweizerin Martina Hingis, die im Alter von 16 Jahren die Spitze übernahm. Mit 15 Jahren und neun Monaten wurde sie außerdem die jüngste Gewinnerin eines Wimbledon-Titels.

209. Für den Sieg beim Turnier im mexikanischen Acapulco erhält man eine silberne Birne.

210. Die meisten Kopfbälle mit einem Tennisball machte der Norweger Per-Arne Stomnes, der 1999 einen Tennisball 43 Minuten und 20 Sekunden lang ohne Fehler köpfte.

211. Die erste Fernsehübertragung der Meisterschaft in Wimbledon wurde am 21. Juni 1937 von der BBC gesendet.

**212. Mit einer Anzahl von 16 950 Punkten in der Weltrangliste stellte Novak Djokovic am 6. Juni 2016 einen neuen Rekord auf.**

213. Der Besucherrekord für ein Grand-Slam-Turnier wurde am 22. Januar 2005 aufgestellt. 60 669 Zuseher besuchten an diesem Tag den Melbourne Park, den Austragungsort der Australian Open.

**214. Die Amerikanerin Chris Evert erreichte bei 56 Grand-Slam-Teilnahmen 52-mal das Halbfinale.**

215. Der erste Spieler der Tennisgeschichte, der vom Verband eine lebenslange Sperre wegen Spielmanipulation erhielt, war der Österreicher Daniel Köllerer.

216. Rekord-Grand-Slam-Siegerin im Dameneinzel ist Margaret Court mit 24 Titeln. Dahinter folgen Serena Williams (23) und Steffi Graf (22).

**217. Bei den Herren führt Rafael Nadal die Liste mit 22 Titeln vor Novak Djokovic (21) und Roger Federer (20) an.**

218. Der offizielle Name der French Open lautet Tournoi de Roland Garros. Benannt sind Turnier und Tennisanlage nach dem französischen Luftfahrtpionier Roland Garros (1888–1918).

**219. Serena Williams ist Mitglied der Zeugen Jehovas.**

220. Der Untergrund eines Sandplatzes besteht meist aus Ziegelmehl, einem Recyclingprodukt aus zerkleinerten Ziegelsteinen.

221. Der ehemalige französische Tennisspieler Yannick Noah wurde fünfmal in Folge zur beliebtesten Persönlichkeit Frankreichs gewählt.

222. Lange Zeit galt der Rasen als schnellster Belag, heute gibt es jedoch Indoor-Hartplätze, die teils schneller sind.

223. Der Film *King Richard*, der von Familienvater Richard Williams und seinen beiden Töchtern Venus und Serena handelt, erhielt sechs Oscar-Nominierungen. Will Smith wurde für seine Darstellung des Richard sogar als bester Hauptdarsteller ausgezeichnet.

**224. Der Schotte Andy Murray spielt seit Januar 2019 mit einem Hüftgelenk aus Metall.**

225. Die Französin Suzanne Lenglen (1899–1938), die in ihrer Karriere acht Grand-Slam-Titel gewann, erhielt von Fans und Presse den Spitznamen »Die Göttliche« (la Divine).

226. Als Boris Becker zum ersten Mal das Turnier in Wimbledon gewann, war er 17 Jahre alt.

**227. Serena und Venus Williams gewannen 2000 als erstes Geschwisterpaar die Goldmedaille im Doppel bei den Olympischen Spielen im Tennis.**

228. Die Williams-Schwestern trafen in ihrer Karriere 31-mal aufeinander. In 19 Duellen verließ Serena den Platz siegreich, Venus konnte zwölf Partien gegen ihre Schwester für sich entscheiden.

229. Der australische Tennisverband rief im Oktober 2014 die Tennisvariante Fast4-Tennis ins Leben, die das Spiel mit neuen Regeln verkürzen soll. Das erste öffentliche Spiel von Fast4 fand 2015 bei einem Schaukampf zwischen Roger Federer und Lleyton Hewitt in Sydney statt.

230. Fast4-Spiele werden im Einzel mit drei Gewinnsätzen entschieden, wobei ein Satz nur noch aus vier gewonnenen Spielen besteht. Zudem wird beim Stand von 3:3 ein kurzes Tiebreak bis fünf Punkte gespielt. Bei Satzgleichstand nach dem 2. Satz wird ein Champions-Tiebreak auf zehn Punkte gespielt. Außerdem werden sämtliche Spiele ohne Vorteilswertung und mit der sogenannten No-Let-Regel gespielt (keine Wiederholung bei Netzrollern). Auch die Zeit für Seitenwechsel und Satzpausen ist bei Fast4-Tennis verkürzt.

**231. Das neuen Format wurde auch bei einigen professionellen Turnieren wie dem Hopman Cup oder den Next-Gen-Turnieren ausgetestet und kommt im Vereinigten Königreich bei Jugendturnieren zum Einsatz.**

232. Martina Navratilova gewann 1982 als erste Spielerin eine Million US-Dollar an Preisgeld in einer Saison.

**233. Die Weltrangliste der WTA führten bisher 28 verschiedene Spielerinnen an.**

234. Die Polin Iga Świątek war die erste im Jahr 2000 geborene Spielerin, die sich auf Position eins der Weltrangliste befand.

235. In den Jahren 2015 und 2016 legten die Männer ab dem Achtelfinale von Grand-Slam-Turnieren im Schnitt pro Spiel eine Distanz von 2,5 Kilometern zurück.

**236. Bei den Frauen, die im Best-of-3-System spielten, waren es rund 1,5 Kilometer.**

237. Der Deutsche Friedrich Adolph Traun ist der jüngste Goldmedaillen-Gewinner bei den Olympischen Spielen im Tennis. Mit 20 Jahren und 13 Tagen triumphierte er gemeinsam mit John Boland im Herrendoppel.

**238. Der älteste Sieger ist George Hillyard, der 1908 mit 44 Jahren an der Seite von Reginald Doherty das Doppel im olympischen Freiplatzwettbewerb gewann.**

239. Das kürzeste Grand-Slam-Finale dauerte nur 34 Minuten. Bei den French Open im Jahr 1988 schlug Steffi Graf Natascha Zvereva glatt mit 6:0, 6:0.

240. Im August des Jahres 2018 fand der erste Ballwechsel im Weltall statt. Ausgeführt wurde er von den Astronauten Andrew Jay Feustel, Richard Arnold und Oleg Artemjew.

241. Bis zum Jahr 2003 war es in Wimbledon Tradition, dass sich die Spieler generell vor der Royal Box verbeugten, wenn sie den Platz betraten oder verließen. Heute ist eine Verbeugung nur noch dann vorgeschrieben, wenn der König oder der Prince of Wales anwesend sein sollte.

**242. Nick Kyrgios avancierte 2022 zum ersten Spieler, der bei den City Open im gleichen Jahr sowohl den Einzelwettbewerb als auch jenen im Doppel für sich entscheiden konnte.**

243. Die Belgierin Justine Henin war 2008 die erste Spielerin, die ihre Karriere als Weltranglistenerste beendete. Im März 2022 beerdete Ashleigh Barty als zweite Akteurin überhaupt ihre Karriere auf Position eins. Sie war damals 25 Jahre alt.

244. Das erste Tennisturnier soll im Jahr 1740 in Frankreich stattgefunden haben. Turniersieger war Lokalmatador Clerge de Elder.

245. Er galt so lange als Titelträger, bis ihn ein Herausforderer besiegen konnte. Erst 25 Jahre später konnte ihm sein Landsmann Raymond Masson den Titel abnehmen.

**246. John McEnroe erzielte 1984 eine Jahresbilanz von 82:3 – Rekord.**

247. Die ersten Tennisbälle bestanden aus massivem Naturkautschuk.

**248. Der US-Amerikaner Jenson Brooksby genehmigte sich in der Satzpause eines Tennisspiels einen Burger.**

249. Das ATP-1000-Turnier in Madrid sorgte 2012 für Aufruhr, da es auf blauem Sand stattfand. Davon erhoffte man sich eine visuelle Verbesserung für TV-Zuschauer und Spieler. Die Idee fand nur wenig Anklang. Roger Federer gewann das Turnier und ist bis heute der einzige Sieger auf blauem Sand – denn das Turnier wird seit 2013 wieder auf roter Asche gespielt.

250. **Wegen der ausgelassenen Stimmung der Zuschauer werden die Australian Open oft auch als Happy Slam bezeichnet.**

251. Der Tennisarm oder Tennisellenbogen bezeichnet eine Verletzung, bei der die Sehnenansätze der Streckermuskeln des Unterarms betroffen sind. Ärzten zufolge haben Spieler, die mehr als drei Stunden pro Woche Tennis spielen, ein erhöhtes Risiko, an der Epikondylitis zu erkranken.

252. **Die Netzhöhe beim Tennis beträgt in der Mitte 91,4 Zentimeter. An den Platzrändern ist es hingegen 107 Zentimeter hoch.**

253. Auf der Spitze des Wimbledon-Pokals befindet sich eine Ananas.

254. Die Modemarke Lacoste wurde vom französischen Tennisspieler René Lacoste gegründet. Das erste Polohemd entwarf der Franzose 1927 als Tennishemd für den eigenen Bedarf. Die Farbe des Kleidungsstückes war – wie für damalige Zeiten üblich – weiß.

255. Die Geschichte des Unternehmenslogos, eines Krokodils, geht auf einen Vorfall im Jahr 1923 zurück. Lacostes Tenniskollege und Daviscup-Kapitän Pierre Gillou versprach ihm einen Koffer aus Alligatorenleder, falls dieser sein Spiel am Nachmittag gewinnen sollte. Obwohl Lacoste das Spiel verlor, bekam er daraufhin den Spitznamen »das Krokodil« und wählte später das Tier als Logo für seine Modemarke.

256. Die höchste Siegesquote bei den Herren hat Rafael Nadal (83,37 Prozent). In 1275 Spielen war er 1063-mal siegreich. Dahinter: Novak Djokovic (83,22 Prozent) und Björn Borg (82,38 Prozent).

**257. Die Australian Open trugen zwischen 1928 und 1968 den Namen Australasian Championships.**

258. Beim Turnier in Wimbledon sind über 54 000 Tennisbälle im Umlauf.

**259.** Die erfolgreichste Tennisnationalmannschaft ist jene der Vereinigten Staaten der Herren. Die Mannschaft konnte den Daviscup bisher ganze 32-mal gewinnen.

260. Die erste Daviscup-Partie fand im Jahr 1900 in Boston zwischen den USA und Großbritannien statt. Kapitän der US-Mannschaft war Dwight Davis, nach dem das Turnier später benannt wurde – er hatte den Pokal gesponsert.

261. Immer mehr Mannschaften stießen zum Teilnehmerkreis hinzu, und zum 100. Geburtstag des Turniers im Jahr 2000 spielten 129 Nationen um den Titel.

**262.** Seit der Einführung der Open Era ist Michael Stich der einzige Deutsche, der alle in Deutschland stattfinden-den Turniere im Laufe seiner Karriere gewinnen konnte.

263. Aufgrund seiner roten Haare trägt der 2001 geborene Südtiroler Spieler Jannik Sinner den Spitznamen »Roter Baron«.

264. Pete Sampras leidet an Thalassämie minor, einer Erbkrankheit, die Kreislaufprobleme und Müdigkeit auslösen kann. Während seiner Karriere machte er seine Krankheit jedoch nicht öffentlich, um seinen Gegnern die Information vorzuenthalten, dass er gesundheitlich beeinträchtigt sei.

265. Alexander Zverev unterzog sich in New York einer Augenoperation, da es ihm oftmals Probleme bereitete, mit Kontaktlinsen zu spielen.

266. Marie Bouzkova triumphierte im Endspiel des WTA-250-Turniers in Prag über Anastasia Potapova, ohne einen einzigen Winner zu schlagen. Ihrer Kontrahentin gelangen insgesamt zwölf solcher Schläge, die vom Gegner nicht mehr zurückgebracht werden können.

267. Boris Becker wurde im April 2022 aufgrund von Insolvenzdelikten in London zu zweieinhalb Jahren Haft verurteilt. Untergebracht ist er in einer Einzelzelle im Huntercombe-Gefängnis. Dort können Häftlinge unter anderem an Poesie-Wettbewerben oder Back-Nachmittagen teilnehmen.

**268.** Schon im Jahr 2002 wurde Becker durch das Münchner Landesgericht wegen Steuerhinterziehung zu einer Bewährungsstrafe verurteilt.

269. Dem Weltverband ITF zufolge spielen 87 Millionen Menschen weltweit regelmäßig Tennis.

**270.** Mischa Zverev ist der erste Spieler in der Open Era, der sich in einer Saison zehnmal als Qualifikant für das Hauptfeld eines ATP-Turniers qualifizieren konnte.

271. John McEnroe ist der älteste ATP-Turniersieger überhaupt. Im Alter von 47 Jahren und drei Tagen gewann er im Jahr 2006 gemeinsam mit Jonas Björkman den Doppeltitel in San José.

272. Das ATP-Turnier von Washington trägt heute den Namen Citi Open. Zuvor war der offizielle Turniername Legg Mason Tennis Classic.

273. Die Lieblingsnummer von Roger Federer ist die Acht.

274. Bei seinem Wimbledon-Sieg im Jahr 2001 begann Goran Ivanišević jeden Morgen damit, Teletubbies im Frühstücksfernsehen zu schauen. Am Abend saß er zudem im selben Restaurant am selben Tisch und aß stets die gleichen Gerichte: Fischsuppe als Vorspeise, anschließend Lamm mit Pommes und als Nachtisch Eis mit Schokoladensauce.

**275. Milos Raonic war der erste in den 1990er-Jahren geborene Tennisspieler, der am Saisonende in den Top Ten der Weltrangliste stand.**

276. Der erste deutsche Tennisklub entstand im Jahr 1879 in Bad Homburg.

277. Andre Agassi spielte sein Auftaktmatch bei den French Open 1999 ohne Unterhose. Er hatte sie vergessen, gewann das Turnier und behielt das Ritual fortan bei.

278. Die Siegertrophäe des Daviscups wird scherzhaft als »hässlichste Salatschüssel der Welt« bezeichnet. Sie wurde im Jahr 1900 aus Sterling-Silber gefertigt und hat damals rund 1000 US-Dollar gekostet.

**279. Bei den Olympischen Spielen 1996 in Atlanta nahmen mit 55 Nationen die meisten überhaupt an einem olympischen Tennisturnier teil.**

280. Alexander Zverev ist der bislang einzige Deutsche, der das Jahr im ITF-Junioren-Ranking auf Platz eins der Weltrangliste abschloss.

281. Beim Turnier in Wimbledon im Jahr 2022 wurde russischen und belarussischen Spielern aufgrund des Angriffskriegs in der Ukraine die Teilnahme verwehrt.

**282. Früher gab es im Tennis noch sogenannte Netzschiedsrichter, die beurteilten, ob ein Aufschlag das Netz berührt hat.**

283. Bei einer Begegnung bei den Bausch & Lomb Championships im Jahr 2002 in Amelia Island hatte sich der Platzwart vermessen, woraufhin die Aufschlaglinie um 91,44 Zentimeter näher am Netz war. Dadurch passierten der Luxemburgerin Anne Kremer und der US-Amerikanerin Jennifer Hopkins 29 Doppelfehler. Das Match wurde nach Beratung der WTA dennoch normal gewertet.

284. Bis zum Jahr 1970 konnte ein Satz nur mit zwei Spielen Unterschied gewonnen werden. Dies galt auch bei einem Spielstand von 6:6.

**285.** Im Schnitt werden von der ATP jährlich in etwa 60 Turniere veranstaltet. Die Grand-Slam-Turniere sowie der Daviscup zählen nicht dazu, da diese von der ITF ausgetragen werden.

286. Alex de Minaur verlor während eines Ballwechsels bei den Australian Open 2022 seinen linken Schuh und musste den Punkt ohne diesen fertig spielen. Dreimal erwischte der Australier noch den Ball, dann musste er sich seinem Gegner Lorenzo Musetti allerdings geschlagen geben.

287. Der Argentinier Guillermo Vilas blieb 1977 ganze 46 Spiele in Folge ungeschlagen.

**288.** Venus Williams hält den Rekord für die meisten Grand-Slam-Teilnahmen aller Zeiten (91).

289. Die australische Sportmarke Slazenger stellt seit über einem Jahrhundert jeden Tennisball beim prestigeträchtigen Turnier in Wimbledon zur Verfügung. Zudem sind die Bälle auch seit jeher bei den Australian Open im Einsatz.

**290. Bisher haben acht Spieler in der Historie des Tennis mehr als 100 Finalspiele bei Turnieren erreicht.**

291. Beim Laver-Cup 2022 waren zum ersten Mal überhaupt Novak Djokovic, Roger Federer, Rafael Nadal und Andy Murray gemeinsam im Team Europa vertreten. Für Federer war das Doppelspiel an der Seite von Nadal sein letztes Match im Profizirkus überhaupt.

292. Das erste Team, das den Hopman-Cup – ein zwischen verschiedenen Nationen stattfindendes Mixed-Turnier – gewann, waren Miloslav Mečíř und Helena Suková, die für die Tschechoslowakei antraten.

**293. Das erste deutsche Siegerteam bestand aus Michael Stich und Steffi Graf.**

294. Lleyton Hewitt trug bei seinen Spielen meist eine verkehrt aufgesetzte Baseballkappe.

**295. Mit einer Größe von 1,70 Metern ist Diego Schwartzman aktuell der kleinste Tennisspieler auf der Tour.**

296. Der größte Spieler, der jemals unter den Top 100 der Weltrangliste stand, ist der Kroate Ivo Karlovic mit 2,11 Metern.

297. Seit Beginn der Open Era zogen erst drei Spieler kampflos in das Finale eines Grand-Slam-Turniers ein: Steffi Graf im Jahr 1988, Jim Courier 1992 und Nick Kyrgios im Jahr 2022. Sie alle profitierten von der verletzungsbedingten Aufgabe ihrer Halbfinalkontrahenten.

**298. Kim Clijsters war die erste Spielerin, die ohne gewonnenen Grand-Slam-Titel Weltranglistenerste wurde.**

**299. Clijsters' Vater Leo war belgischer Fußballnational-spieler, ihre Mutter Els Vandecaetsbeek war Belgische Meisterin in der Rhythmischen Sportgymnastik.**

300. Nick Kyrgios wurde 2016 aufgrund von unprofessionellem Verhalten für drei Wochen gesperrt und musste sich in sportpsychologische Behandlung begeben.

301. Iga Świątek war 2020 die erste Polin, die ein Grand-Slam-Turnier gewann.

302. Das Grand-Slam-Finale bei den Australian Open 1988 war das erste unter geschlossenem Dach. Damals duellierten sich Steffi Graf und Chris Evert.

**303. Die Australierin Ashleigh Barty gehört ethnisch durch ihre Urgroßmutter zu den Ngarigo-Aborigines.**

304. Alexander und Mischa Zverev machten ihre ersten Karriereschritte beim Uhlenhorster HC in Hamburg.

305. Im Jahr 1997 wurde die ATP Champions Tour gegründet, eine Turnierserie für ehemalige Profitennisspieler. Pro Jahr finden zwischen fünf und zehn Turniere in verschiedenen Städten der Welt statt.

306. 2016 gewann Rekordsieger John McEnroe im Alter von 57 Jahren seinen 24. Titel auf der Tour.

**307. Bisher haben 15 ehemalige Weltranglistenerste an der Champions Tour teilgenommen. Darunter unter anderem Boris Becker, Stefan Edberg, Pete Sampras und Mats Wilander.**

308. Der Franzose Benoît Paire erhielt beim ATP-Turnier in Buenos Aires eine Verwarnung, da er zweimal auf den Boden spuckte. Aus Ärger über den Stuhl-Referee schlug er anschließend zwei absichtliche Doppelfehler und schied aus dem Turnier aus.

**309. Seit der Einführung des ATP-Tour-Fan-Votings im Jahr 2000 wurde Roger Federer 19-mal zum beliebtesten Tennisspieler der Welt gewählt.**

310. Serena Williams hält den Rekord für die meisten Titel auf Hartplätzen. Dort konnte sie insgesamt 47 Titel erringen. Zudem gewann sie auch die meisten Spiele überhaupt auf diesem Belag (535).

**311. Der Sohn von Novak Djokovic ist großer Fan von Rafael Nadal.**

312. Bei den Australian Open ist die »Extreme Heat Policy« im Einsatz. Dies ist eine Regel, die in Kraft tritt, wenn die Hitze zu extrem für die Spieler ist, und sorgt unter anderem für längere Pausen oder gar Spielabbrüche. Die Regel wurde 1998 in Absprache mit den Tennisspielern eingeführt.

313. Andy Murray war Schüler der Grundschule im schottischen Dunblane. 1996 erlebte er dort ein Schulmassaker mit, bei dem ein 43-Jähriger 16 Erstklässler und eine Lehrerin erschoss.

314. Beim Turnier in Kitzbühel hat Mikael Ymer seinen damals 16-jährigen Bruder Elias als Trainer akkreditieren lassen.

**315.** Jim Courier ist der jüngste Spieler, der alle Endspiele bei den vier Grand-Slam-Turnieren erreicht hat.

316. Das Doppel in Wimbledon ist das einzige der vier Grand-Slam-Turniere, bei dem für einen Sieg drei gewonnene Sätze benötigt werden.

**317. Die Linienrichter im Tennis sind am Spielfeldrand positioniert und melden sich, falls ein Ball außerhalb des Spielfeldes landet oder ein Spieler einen sogenannten Fußfehler begeht. Ein solcher liegt unter anderem vor, wenn der Aufschläger die Grundlinie oder das Spielfeld mit einem oder beiden Füßen berührt.**

318. Beim Tennis gibt es neben dem Stuhlschiedsrichter und den Linienrichtern auch einen Oberschiedsrichter, der sich jedoch meist nicht auf dem Spielfeld befindet.

319. Casper Ruud hat in der Schweiz auf ATP-Ebene noch kein Spiel verloren. Seine Bilanz beträgt 16:0.

320. John McEnroe und Jimmy Connors teilen sich den Rekord für die meisten Titel auf dem Teppichbelag. Beide konnten 43 Titel auf diesem erringen.

**321. Der Deutsche Karsten Braasch, der »die Katze« genannt wurde, war während seiner Tenniskarriere Kettenraucher.**

322. Der Rumäne Ilie Nastase, der die Tennisweltrangliste insgesamt 40 Wochen lang anführte, kandidierte in den 1990er-Jahren für das Amt des Bürgermeisters von Bukarest.

323. In Wimbledon ist Ilie Nastase der Zugang zu der Prominentenbühne verboten, da er im Rahmen eines Fed-Cup-Spiels als Kapitän der rumänischen Mannschaft die gegnerischen britischen Spielerinnen als »Fucking Bitches« beleidigte. Dies führte auch zu einer Suspendierung des Weltverbandes.

324. Beim Turnier in München erhielt Sieger Holger Rune neben einer Trophäe auch ein Auto. Das Problem: Der 19-jährige Däne hat noch keinen Führerschein.

325. Als Ernests Gulbis im Jahr 2005 sein Daviscup-Debüt für Lettland gab, lag das Tennisbudget des lettischen Verbandes bei mickrigen 7000 Euro.

326. Der letzte Spieler, der mit einem Holzschläger ein Grand-Slam-Turnier gewann, war der Franzose Yannick Noah bei den French Open 1983.

**327. Der letzte Spieler, der ein Turnier mit einem Schläger aus Holz für sich entscheiden konnte, war Miloslav Mečíř im Jahr 1989.**

328. Das Spiel zwischen Magnus Norman und Goran Ivanišević in Wimbledon 1997 gewann Norman mit 6:3, 2:6, 7:6, 4:6 und 14:12. Dabei erzielte Ivanišević mit 165 Punkten 28 mehr als sein schwedischer Konkurrent.

**329. Rollstuhltennis ist seit 1992 eine reguläre Disziplin bei den Paralympischen Spielen. Im Jahr 1977 fand in Los Angeles das erste Turnier überhaupt statt, bei dem 20 Spieler teilnahmen. Beim Rollstuhltennis ähneln die Regeln über weite Teile den bekannten, jedoch mit dem Unterschied, dass der Ball zweimal aufspringen darf.**

330. 2002 wurde bei den Australian Open Rollstuhltennis erstmals als eigener Wettbewerb hinzugefügt. 2005 nahmen auch Wimbledon und die US Open Rollstuhltennis in ihr Repertoire auf, im Jahr 2007 folgten die French Open.

331. Für eine schockierende Aktion sorgte ein geistig verwirrter Zuseher 1993 bei einem Turnier in Hamburg. Ein Fan von Steffi Graf attackierte Monica Seles, die zuvor sieben von neun Grand-Slam-Turnieren gewonnen hatte und Weltranglistenerste war. Er stach sie von hinten nieder. Sie konnte das Krankenhaus zwar bald verlassen, auf den Tennisplatz kehrte sie jedoch erst zwei Jahre später zurück.

**332. Die deutschen Tennismeisterschaften werden seit 1996 nur noch in der Halle ausgetragen.**

333. Die deutsche Tennisbundesliga existiert seit 1972. Seitdem gewannen elf verschiedene Vereine den Meistertitel. Rekordmeister ist der TC Blau-Weiß Neuss, der bisher zehn Titel erringen konnte.

**334. Die Damenbundesliga wird hingegen erst seit 1999 ausgetragen. Rekordsieger ist der TC Zamek Benrath mit sechs gewonnenen Meisterschaften.**

335. Mit einem Alter von 17 Jahren und drei Monaten löste der Amerikaner Michael Chang im Jahr 1989 Boris Becker als jüngsten Grand-Slam-Sieger ab.

**336. Der Australier Roy Emerson ist der einzige Spieler, der bei den Grand-Slam-Turnieren alle Titel im Einzel und Doppel gewann.**

337. Dominic Thiem ist Ehrenpräsident und Gründer des 1. TFC Matzendorf, für den er auch schon selbst die Fußballschuhe schnürte.

**338. Die älteste Spielerin, die in der Open Era ein Grand-Slam-Halbfinale erreichte, ist die Deutsche Tatjana Maria. Ihr gelang dies 2022 im Alter von 34 Jahren in Wimbledon.**

339. Der Rasen in Wimbledon ist auf exakt acht Millimeter getrimmt.

**340.** Jeff Tarango war bei den Wimbledon Championships 1995 der erste Spieler in der Tennisgeschichte, der den Platz noch während des laufenden Spiels verließ und dadurch disqualifiziert wurde.

**341.** Auf dem Weg in die Katakomben verpasste der US-Amerikaner dem französischen Stuhlschiedsrichter Bruno Rebeuh auch noch zwei Ohrfeigen und wurde für das Turnier im Folgejahr gesperrt.

**342.** Nick Kyrgios verzichtet auf einen Tennistrainer, seit er Profi ist.

**343.** Toni Nadal trainierte seinen Neffen Rafael seit dessen viertem Lebensjahr. Erst im Jahr 2017 zog er sich vorerst zurück, ehe er sich 2021 dem Trainerteam von Felix Auger-Aliassime anschloss. Unter ihm gewann Rafael 16 Grand-Slam-Titel, wodurch Toni der erfolgreichste Tennistrainer aller Zeiten ist.

**344.** Die ATP will ihre Treibhausgasemissionen bis 2030 halbieren und bis zum Jahr 2040 klimaneutral werden.

345. Stan Wawrinka, Tomas Berdych und Jo-Wilfried Tsonga sind die einzigen Spieler, die sowohl Novak Djokovic, Roger Federer, Rafael Nadal als auch Andy Murray in einem Grand-Slam-Spiel besiegen konnten.

346. John McEnroe erfand mit dem Wort »Shuck« ein eigenes Schimpfwort, um Verwarnungen zu entgehen und weiterhin fluchen zu können.

347. Der Filz um einen Tennisball dient unter anderem zur Verlangsamung des Balles und zum Schutz der darunterliegenden Gummischicht.

**348. Das kürzeste Tennisspiel dauerte 25 Minuten. In dieser Zeit besiegte Francisco Clavet seinen Kontrahenten Jiang Shan bei den Heineken Open Shanghai 2001 mit 6:0 und 6:0.**

349. Roger Federer war der erste Spieler, der bei zehn Grand-Slam-Turnieren in Folge im Finale stand. Von den Wimbledon Championships 2005 bis zu den US Open im Jahr 2007 fand kein Grand-Slam-Finale ohne den Schweizer statt.

**350. Bei den Australian Open 2021 verjagte Daniil Medwedew seinen eigenen Trainer, den Franzosen Gilles Cervara, von der Tribüne und forderte ihn zum Verlassen der Rod-Laver-Arena auf.**

351. Laut eigener Aussage feierte Nick Kyrgios vor seinem verlorenen Zweitrundenspiel gegen Rafael Nadal in Wimbledon 2019 bis vier Uhr morgens in einem Pub.

352. Schwangerschaften von Spielerinnen werden in den Regularien der WTA wie Verletzungen behandelt und fallen unter das sogenannte Protected Ranking. So steigen die Spielerinnen und Spieler mit ihrer Durchschnittsplatzierung aus den letzten drei Monaten vor der Abwesenheit wieder ein – nicht in die Liste direkt, aber bei den Qualifizierungskriterien für Turniere.

353. Neben dem Protected Ranking gibt es noch die Wildcards, die die Turnierveranstalter an Sportler vergeben können, die die Qualifizierungskriterien nicht erfüllen.

**354. Der Österreicher Jürgen Melzer zahm 2007 an den Australian Open im Racketlon teil, einem Turnier bestehend aus den Sportarten Tischtennis, Badminton, Squash und Tennis.**

355. Die US-Amerikanerinnen Gigi Fernández und Mary Joe Fernández sind die bislang Einzigen, die ihre Titel bei den Olympischen Spielen im Tennis erfolgreich verteidigt haben.

**356. Steffi Graf ist die einzige Spielerin, die jedes Grand-Slam-Turnier mindestens viermal gewinnen konnte.**

357. Der Kroate Goran Ivanišević gewann 2001 als erster »Wildcarder« ein Grand-Slam-Turnier.

358. Carlos Alcaraz ist der jüngste Spieler, der zehn Grand-Slam-Spiele gewonnen hat.

359. Das längste Damenspiel dauerte 52 Minuten und wurde im 1984 von Noelle van Lottum und Sandra Begjin ausgetragen.

**360. Das längste Spiel bei den Männern dauerte 31 Minuten und ging 37-mal über Einstand. Aufgestellt haben diesen Rekord Anthony Fawcett und Keith Glass im Jahr 1975 bei den Surrey Championships.**

361. Im Jahr 1977 fanden die Australian Open aufgrund eines Terminwechsels zweimal statt. Sie wurden sowohl im Januar als auch im Dezember des Jahres abgehalten.

**362. Der Spanier Feliciano Lopez ist der älteste Spieler (40 Jahre), der sich in der Hauptrunde des Turniers in Wimbledon befand.**

363. Den Rekord für die meisten Netzaufschläge pro Spiel stellten Roger Federer und Juan Martin del Potro bei den Olympischen Spielen 2012 auf. Im damaligen Halbfinale gab es insgesamt 24 Netzaufschläge.

364. Björn Borg beendete seine Karriere 1983 zum ersten Mal im Alter von 26 Jahren. Danach startete er noch mehrere Comeback-Versuche, ehe er sich nach einer letzten Niederlage im Jahr 1993 endgültig zurückzog.

365. Im Jahr 2015 gewann Novak Djokovic insgesamt ein Preisgeld in der Höhe von 21 146 145 US-Dollar.

**366. Ivan Lendl zog von 1982 bis 1989 achtmal in Folge ins Finale der US Open ein.**

367. Im Hauptfeld eines Grand-Slam-Turniers nehmen sowohl bei den Damen als auch bei den Herren 128 Spielerinnen und Spieler teil.

368. Bisher konnten bei den Herren Spieler aus 24 unterschiedlichen Nationen einen Grand-Slam-Titel erringen. Bei den Damen sind es Spielerinnen aus 28 verschiedenen Nationen, die einen Titel gewinnen konnten.

369. Wird während eines Spiels ein Irrtum entsprechend der Tennisregeln festgestellt, bleiben alle bis dahin gewonnenen Punkte dennoch bestehen.

370. Der Franzose Yannick Noah, der einst Weltranglistendritter war, schlug nach seiner Karriere als Tennisspieler eine Laufbahn als Sänger ein und stürmte sogar auf Platz eins der französischen Charts.

**371. Das Finale des Turniers in Houston im Jahr 2022 war das »größte« aller Zeiten. Reilly Opelka (211) und John Isner (208) brachten es gemeinsam auf 419 Zentimeter.**

372. Bei den US Open 2020 trug die Japanerin Naomi Osaka zu jeder Partie einen Mund-Nasen-Schutz, auf dem der Name eines Opfers von Polizeibrutalität stand.

373. Seit einigen Jahren herrscht im Doppel die No-Ad-Regel. Dabei wird bei Einstand auf die Vorteilregel verzichtet und lediglich ein weiterer Punkt ausgespielt. Von welcher Seite aufgeschlagen wird, entscheiden die Rückschläger. Diese Regel kommt jedoch nur bei ATP-Turnieren und den Grand-Slam-Turnieren im Mixed-Doppel zum Einsatz.

374. Die US-Amerikanerin Renée Richards war die erste transsexuelle Tennisspielerin. Nachdem ihr die Teilnahme als Frau an den US Open 1976 verweigert wurde, durfte sie nach einer Klage erstmals im Jahr 1977 am Turnier teilnehmen.

**375. Insgesamt spielte sie von 1977 bis 1981 professionelles Tennis und erreichte Platz 20 der Weltrangliste. Noch bei den Herren hatte sie bei den US Open 1955 und 1957 jeweils die zweite Runde erreicht.**

376. Bisher konnten acht Spieler alle vier Grand-Slam-Turniere in einem Jahr gewinnen.

**377. Roger Federer und Rafael Nadal duellierten sich einst auf einem Platz, der zur Hälfte aus Gras und zur anderen Hälfte aus Sand bestand.**

378. Für die Meisterschaften in Wimbledon werden jedes Jahr 24 Tonnen Erdbeeren gekauft.

379. Im Rahmen der Australian Open 2020 kündigte Lokalmatador Nick Kyrgios an, für jedes erzielte Ass 200 Dollar zur Bekämpfung der damals in Australien wütenden Buschbrände zu spenden. Kurze Zeit später schlossen sich auch seine Landsleute Alex de Minaur, John Peers und John Millman der Initiative an.

**380. Der Staat Vatikanstadt wurde im Jahr 2022 Mitglied im Weltverband des Padeltennis, einer vom Originalspiel abgeleiteten Rückspielvariante.**

381. Im Jahr 1907 wurde die Österreicherin Mita Klia im Alter von 14 Jahren zur jüngsten Teilnehmerin bei den Wimbledon Championships. Sie wurde erst 1990 von der US-Amerikanerin Jennifer Capriati abgelöst, die damals 13 Jahre alt war.

382. Capriati wurde in demselben Jahr zudem zur jüngsten Spielerin, die jemals ein Endspiel im Profitennis erreichte, und schien am 9. April 1990 als Nummer 25 erstmals in der Weltrangliste auf.

**383. Rod Laver trug den Spitznamen »The Rocket«.**

384. Im Mai 2005 war Venus Williams Teil des ersten Spieles, das zeitgleich auf zwei Kontinenten ausgetragen wurde. Bei einem Tennismatch duellierte sie sich mit der Türkin Ipek Senoglu auf der Bosporus-Brücke in Istanbul, die Europa und Asien verbindet.

**385. Esther Vergeer aus den Niederlanden war von 1999 bis zu ihrem Rücktritt im Jahr 2013 ununterbrochene Weltranglistenerste im Rollstuhltennis.**

386. Vor ihrer Karriere als Rollstuhltennisspielerin war sie Teil des Rollstuhlbasketball-Nationalteams, das 1997 die Europameisterschaft gewann.

387. Wegen einer Übungseinheit von Dominic Thiem im österreichischen Traiskirchen rief ein Nachbar die Polizei. Wegen des Gestöhnes des Österreichers meldete er eine Ruhestörung.

388. Deutscher Daviscup-Rekordspieler ist Gottfried von Cramm (1909–1976). Er spielte in 38 Begegnungen 101-mal für Deutschland.

389. Im »Battle of the Sexes«, das während der Australian Open 1998 stattfand, besiegte Karsten Braasch Serena Williams mit 6:1. Zu diesem Zeitpunkt befand sich der damals 31-Jährige in der Weltrangliste auf Platz 203. Die 16-jährige Serena Williams rangierte auf Platz 53.

390. Nach dem Sieg über Serena trat Braasch noch gegen Venus Williams (damals 17 Jahre alt) an und besiegte die US-Amerikanerin ebenfalls mit 6:1.

**391. Im Jahr 2022 war es zum ersten Mal der Fall, dass weder der Weltranglistenerste noch der Weltranglistenzweite in Wimbledon teilnahmen.**

392. Im Februar 2022 stellten John Isner und Reilly Opelka (USA) den Rekord für den längsten Tiebreak seit Beginn der ATP-Tour auf. Isner verlor den zweiten Satz im Tiebreak mit 22:24 und damit das ganze Match.

**393. Den Tiebreak-Rekord auf der Future-Ebene halten die Monegassen Benjamin Balleret und Guillaume Couillard. Mit 36:34 konnte Balleret diesen bei einem Turnier in Plantation für sich entscheiden.**

394. Mark Edmondson hält den Rekord für den in der Weltrangliste am niedrigsten platzierten Grand-Slam-Spieler. Er gewann die Australian Open 1976 als Nummer 212 der Welt.

395. Im Jahr 1992 gewann Marc Rosset in Barcelona als erster und bislang einziger Schweizer Tennisspieler die Goldmedaille bei den Olympischen Spielen.

396. Bei der 135. Auflage des Wimbledon-Turniers im Jahr 2022 war der *middle sunday*, der traditionell spielfrei ist, erstmals nicht als Ruhetag vorgesehen. Dadurch sollte der Spielplan entzerrt werden. Zuvor wurde der Sonntag erst viermal kurzfristig zu einem Spieltag erklärt, um den Spielplan einhalten zu können: 1991, 1997, 2004 und 2016.

397. Seit 2002, als Lleyton Hewitt triumphierte, hieß der Sieger in Wimbledon immer entweder Roger Federer, Andy Murray, Rafael Nadal oder Novak Djokovic.

398. Im renovierten Fußballstadion Real Madrids, dem Santiago Bernabeu, soll auch Tennis gespielt werden. Zur Einweihung im Sommer 2023 ist ein Showmatch mit Rafael Nadal geplant, der bekennender Real-Madrid-Fan ist.

399. Ende 2021 setzte die WTA alle Turniere in China und Hongkong aus, da sich die Vereinigung der Tennisspielerinnen um das Wohlergehen der chinesischen Tennisspielerin Peng Shuai sorgte. Diese machte Vorwürfe des sexuellen Missbrauchs gegen einen ehemaligen chinesischen Funktionär öffentlich und verschwand daraufhin kurzzeitig von der Bildfläche.

400. Der Russe Jewgeni Kafelnikow schlug nach seinem Karriereende eine Laufbahn als Pokerspieler ein, in der er 200 000 US-Dollar an Preisgeld erspielen konnte.

**401. Björn Borg konnte keinen Titel bei einem Grand Slam auf Hartplatz erringen.**

402. Die einzigen Spielerinnen, die in ihrer Karriere alle Grand-Slam-Titel gewonnen haben, also sämtliche Wettbewerbe im Einzel, Doppel und Mixed, sind Doris Hart (USA), Margaret Court (Australien) und Martina Navratilova (Tschechoslowakei/USA). Einem männlichen Spieler gelang dies noch nie.

**403. Am Tag seiner Hochzeit spielte Philipp Kohlschreiber ein Achtelfinale beim ATP-Turnier in Kitzbühel, das er verlor.**

404. Der älteste Grand-Slam-Sieger der Geschichte war der Australier Ken Rosewall, der 1972 mit 35 die Australian Open gewann. Er weist zudem auch den größten zeitlichen Abstand zwischen seinem ersten und letzten Grand-Slam-Titel auf. Seinen ersten Titel gewann er 1953 mit 19 Jahren.

**405.** Serena Williams ist Investorin beim Frauenfußballklub Angel City aus Los Angeles. Zudem wurde sie auch mit einem Angebot als Investorin beim englischen Fußballverein Chelsea FC in Verbindung gebracht, das jedoch letztlich scheiterte.

406. Für den Gewinn aller neun Turniere der Masters-1000-Kategorie wurde der Begriff Career Golden Masters geschaffen. Der einzige Spieler, der in seiner Karriere all diese Turniere gewinnen konnte, ist der Serbe Novak Djokovic.

407. Der Vater von Emma Raducanu ist Rumäne, ihre Mutter Chinesin. Geboren wurde die Athletin 2002 in Kanada. Da sie allerdings im Alter von zwei Jahren mit ihrer Familie nach London zog, spielt Raducanu für Großbritannien.

**408.** Raducanu ist die erste Spielerin seit Beginn der Open Era, die als Qualifikantin ein Grand-Slam-Turnier gewinnen konnte. Dies gelang ihr bei den US Open 2021. Zuvor hatte bislang noch nie eine Qualifikantin überhaupt das Halbfinale eines Grand-Slam-Turniers erreicht.

409. Bevor John Isner Profi wurde, spielte er mehrere Jahre lang College-Tennis. Mit 139 Einzelsiegen ist er der erfolgreichste Spieler in der Geschichte der Universität von Georgia.

**410. Mit 13 748 geschlagenen Assen egalisierte Isner im Jahr 2022 den Rekord des Kroaten Ivo Karlovic. Beide Spieler sind außerordentlich groß und damit prädestiniert für Asse: Isner misst 2,08 Meter, Karlovic 2,11 Meter.**

411. In seinem Erstrunden-Match der Australian Open 2022 passierten Aslan Karatsew im Spiel gegen Jaume Munar 107 unerzwungene Fehler. Das Spiel gewann er trotzdem.

**412. Andre Agassi trug auf dem Tennisplatz jahrelang ein Toupet, da er unter Haarausfall litt. Erst auf Anraten seiner damaligen Partnerin Brooke Shields entschied er sich, auf das Toupet zu verzichten und seine Haare kurz zu rasieren.**

413. Die Australian Open 1995, die er gewann, waren sein erstes Grand-Slam-Turnier ohne Toupet.

414. Das römische Amphitheater in Pula (Kroatien) war im August 2022 Austragungsort der ATP Champions Tour.

415. Novak Djokovic ist der einzige Spieler, der bei mehr als einem Grand-Slam-Turnier mindestens achtmal im Finale stand.

416. **Zudem ist er der erste Spieler der Open Era, der ein Grand-Slam-Turnier in drei verschiedenen Jahrzehnten gewinnen konnte.**

417. Roger Federer verlor in seiner Karriere 24 Spiele nach vergebenen Matchbällen.

418. Beim Viertelfinal-Match in Wimbledon 1993 servierte Boris Becker fünf Netzbälle in Folge.

419. **John Isner studierte »Speech Communication« an der Universität in Georgia.**

420. In Dubai soll eine Unterwasserarena mit mehreren Tennisplätzen errichtet werden. Entstehen soll diese zwischen dem Burj al Arab und der palmförmigen Insel Palm Jumeirah. Ein gigantisches Glasdach soll es den Zuschauern ermöglichen, neben dem Treiben auf dem Feld auch die Fische im Persischen Golf zu beobachten.

**421. Der Österreicher Jurij Rodionov musste in Wimbledon 2017 während des Spiels seine schwarze Unterhose wechseln, da diese durch die weiße Hose zu erkennen war.**

422. Der US-Amerikaner Brian Vahaly war der erste Top-100-Spieler, der sich nach seiner Karriere als homosexuell outete. Zuvor gab es mit dem Paraguayer Francisco Rodriguez nur einen Spieler, der sich öffentlich zu seiner Homosexualität bekannt hatte. Er konnte die Nummer 373 der Welt erreichen und outete sich kurz nach dem Ende seiner Karriere 2008.

423. Der Schweizer Marc Rosset entging während seiner Tenniskarriere nur knapp einem Flugzeugabsturz. Eigentlich wäre Rosset im September 1998 Passagier des Swissair-Flugs 111 gewesen, der vor der Küste Kanadas abstürzte. Nach seinem Ausscheiden bei den US Open hatte der Schweizer jedoch kurzfristig umgebucht.

**424. Der Brasilianerin Maria de Amorin unterliefen in Wimbledon 1957 ganze 17 Doppelfehler in Folge.**

425. Mats Wilander ist der einzige Spieler, der die Australian Open sowohl auf Rasen als auch auf Hartplatz gewann.

426. Der erste Wettskandal im Tennis ereignete sich im Jahr 2003.

**427. Der kleinste Mann, der je in Wimbledon spielte, war der Philippiner Felicisimo Ampon (1920–1997). Er war knapp 1,60 Meter groß.**

428. Die kleinste Frau war die Engländerin Gem Hoahing (1920–2015) mit einer Größe von 1,46 Metern.

**429. Der Spanier Carlos Alcaraz wurde 2022 im Alter von 19 Jahren, drei Monaten und zwölf Tagen der jüngste Weltranglistenerste im Herrentennis. Damit löste er den Australier Lleyton Hewitt ab, der 2001 mit 20 Jahren und fast neun Monaten die Nummer eins geworden war.**

430. In der Erstrundenpartie der US Open 2020 zwischen Diego Schwartzman und Cameron Norrie gab es insgesamt 58 Breakbälle. Während Schwartzman nur acht seiner 27 Breakbälle für sich entscheiden konnte, gewann Norrie elf seiner 31 Breakbälle.

**431. Im Jahr 1986 gewann Boris Becker innerhalb von zwei Wochen drei Turniere auf drei Kontinenten: Sydney in Australien, Tokio in Asien und Paris in Europa.**

432. Im Jahr 2021 zählten die österreichischen Tennisvereine in etwa 190 000 Mitglieder.

**433. Der Verband Swiss Tennis zählte im selben Jahr rund 165 000 Tennisspieler.**

434. Wenn ein Spieler oder eine Spielerin in Wimbledon das Viertelfinale im Einzel erreicht, erhält die Person eine lebenslange Mitgliedschaft im Last-8-Club, einem Klub auf dem Gelände der Tennisanlage inklusive jährlichem Groundticket und Gästepass für das Turnier.

435. Mónica Puig gewann in ihrer Karriere weder ein Grand-Slam-Turnier noch einen Titel auf WTA- oder ITF-Ebene. Dennoch holte die puerto-ricanische Tennisspielerin bei den Olympischen Spielen 2016 in Rio de Janeiro die Goldmedaille im Einzel. Dies war zudem die erste und einzige Goldmedaille für Puerto Rico überhaupt.

436. Im Jahr 2022 war es beim Turnier in Indian Wells zum ersten Mal seit 1999 der Fall, dass die Top 3 der Setzliste allesamt ihr Auftaktmatch verloren.

437. Der Schweizer Stan Wawrinka hat auch die deutsche Staatsbürgerschaft.

**438. In der Mailänder Kirche San Paolo Converso wurde im Rahmen einer Ausstellung im Jahr 2017 ein Tennisplatz installiert.**

439. Nach seinem Ausraster im Jahr 2012 in Wimbledon, bei dem David Nalbandian wutentbrannt gegen die Werbebande am Stuhl von Linienrichter Andrew McDougall trat und diesen dadurch verletzte, schaltete sich sogar die Polizeibehörde Scotland Yard ein.

440. Der Amerikaner Pancho Gonzales ist der älteste Spieler, der je einen Titel gewinnen konnte. Mit 44 Jahren und sieben Monaten entschied er 1972 das Turnier in Kingston 1972 für sich.

**441. Der jüngste Titelgewinner ist Aaron Krickstein, dem dieses Unterfangen im Alter von 16 Jahren und zwei Monaten 1983 in Tel Aviv gelang.**

442. In seiner Trainerkarriere hat der österreichische Tennistrainer Günter Bresnik unter anderem Boris Becker, Gael Monfils, Stefan Koubek, Patrick McEnroe und Dominic Thiem betreut.

443. Im Jahr 2022 kündigten die Produzenten des Streaming-Dienstes Netflix eine Doku-Serie an, die das komplette Tennisjahr rekapitulieren und dabei vor allem hinter die Kulissen blicken soll.

**444. Dinara Safina und Marat Safin sind das einzige Geschwisterpaar, das sowohl bei den Frauen als auch bei den Männern an der Spitze der Weltrangliste stand.**

445. Michael Stich versuchte sich nach seiner Tenniskarriere als Künstler. So präsentierte er unter anderem bei einer Kunstausstellung in einer Düsseldorfer Galerie seine Gemälde.

446. Der Neuseeländer Anthony Wilding (1883–1915) war der erste Tennisspieler, der zwei der heutigen vier Grand-Slams gewinnen konnte.

447. Tennistrainer Shamil Tarpischev ist seit dem Jahr 1974 russischer Daviscup-Kapitän.

448. **Die Japanerin Naomi Osaka entfachte 2021 als letzte Fackelläuferin die olympische Flamme in Tokio.**

449. Novak Djokovic stand in seiner Karriere am Jahresende insgesamt siebenmal auf Weltranglistenposition eins.

450. Rafael Nadal hält den Rekord für die meisten Siege gegen einen amtierenden Weltranglistenersten (23).

**451. Der Spanier Bernabe Zapata Miralles wurde 2019 im Turnier in Mouilleron disqualifiziert, da er ein zu großes Loch in der Hose hatte.**

452. Kevin Anderson ist der größte Grand-Slam-Finalist aller Zeiten. Seine Körpergröße beträgt 2,03 Meter. Zudem war er auch der am niedrigsten platzierte US-Open-Finalist aller Zeiten. Bei seinem Einzug ins Finale 2017 befand sich der Südafrikaner auf Position 32 der Weltrangliste.

453. Die US-Amerikanerin Helen Wills Moody (1905–1998) gewann 13 Grand-Slam-Turniere ohne Satzverlust.

**454. Die meisten Begegnungen beim Daviscup absolvierte Domenico Vicini aus San Marino (87).**

455. Anders als bei den anderen drei Grand-Slam-Turnieren wird bei den US Open bei Damen und Herren mit unterschiedlichen Bällen gespielt. Die Bälle der Spielerinnen sind etwas leichter.

456. Das gesamte Fassungsvermögen der Anlage in Wimbledon, die aus zwei Stadien und 17 weiteren Tennisplätzen besteht, beträgt 42 000 Zuschauer.

457. In den USA wird am 23. Februar der »Spiel-Tennis-Tag« (Play Tennis Day) zelebriert.

458. Die Rollstuhltennis-Spielerin Esther Vergeer hat in ihrer Karriere insgesamt 169 Titel im Einzel und 158 im Doppel gewonnen. Von 712 Spielen gewann die Niederländerin 687, zudem hielt ihre längste Siegesserie über 470 Partien an. 2013 beendete sie ihre Karriere.

**459. In den Jahren 2008 und 2010 wurde Vergeer für die Laureus World Sports Awards als Behindertensportlerin des Jahres gewählt.**

460. Im Jahr 2021 war es zum ersten Mal der Fall, dass in den WTA-Finals nur europäische Spielerinnen vertreten waren.

**461. David Nalbandian gelang es 2007 als einzigem Spieler der Geschichte überhaupt, Roger Federer, Novak Djokovic und Rafael Nadal im selben Turnier zu besiegen.**

462. Aufgrund seiner Größe (1,98 Meter) erhielt der Argentinier Juan Martin del Potro den Spitznamen »Der Turm von Tandil«.

463. Roger Federer gewann in seiner Karriere 13-mal den Stefan Edberg Sportsmanship Award.

**464. Jennifer Capriati gewann mit 16 Jahren die Goldmedaille bei den Olympischen Spielen in Barcelona 1992 – Rekord.**

465. Die älteste Spielerin, die die olympische Goldmedaille erringen konnte, war Winifred McNair, die im Alter von 43 Jahren im Doppel siegreich war.

466. Die US-Amerikanerin Alice Marble (1913–1990) war neben ihrer Laufbahn als Tennisspielerin auch Mitautorin der Comicserie *Wonder Woman*.

**467. Nach ihrem Grand-Slam-Sieg im Doppelfinale der Australian Open 2022 haben Nick Kyrgios und Thanasi Kokkinakis eigene WWE-Champions-Gürtel überreicht bekommen.**

468. Stan Wawrinka beschwerte sich bei seiner frühen French-Open-Pleite im Jahr 2022 beim Stuhlschiedsrichter darüber, dass das ihm zur Verfügung gestellte Wasser zu kalt sei.

469. Bei den Herren hält der Kroate Ivo Karlovic den Rekord für die meisten Asse in einem Spiel über zwei gewonnene Sätze. Am 19. Juni 2015 servierte er im Viertelfinale von Halle 45 Asse.

470. Bei den Damen ist die Tschechin Kristýna Plíšková Rekordträgerin in dieser Kategorie. 2015 gelangen ihr in Birmingham 27 Asse innerhalb einer Partie.

471. Die Griechin Denise Panagopoulou trat mit zwölf Jahren und 360 Tagen für Griechenland im Fed-Cup an. Dieser Rekord ist vermutlich für die Ewigkeit bestimmt, denn mittlerweile wurde ein Mindestalter von 14 Jahren eingeführt.

**472. Die jüngste Gewinnerin im Fed-Cup ist die Russin Anna Kurnikowa, die 1996 im Alter von 15 Jahren beim 3:0-Erfolg ihres Landes über Schweden triumphierte.**

473. Der Komiker Bob Menery ersteigerte sich im Internet für 4000 US-Dollar eine Verabredung mit der kanadischen Tennisspielerin Eugenie Bouchard. Die Summe wurde anschließend an die Wohltätigkeitsorganisation Projekt Frontline gespendet.

**474. Der deutsche Tennisspieler Yannick Hanfmann ist von Geburt an schwerhörig.**

475. John Isner unterzeichnete als erster Tennisspieler überhaupt einen Sponsoringvertrag mit einem Cannabis-Unternehmen.

476. Gael Monfils bangte um seine Teilnahme bei den Australian Open 2020, da er sich aus Ärger über ein Videospiel an der Bettkante seines Hotelbetts verletzte.

477. Der Österreicher Stefan Koubek lag in der ersten Runde der Australian Open 2002 gegen den französischen Qualifikanten Cyril Saulnier mit 0:6, 1:6, 1:4 und 15:40 zurück und konnte das Duell dennoch für sich entscheiden.

**478. Die Daviscup-Trophäe, die um einen Holzsockel erweitert wurde, um Platz für die Namen der Sieger zu schaffen, hat heute eine Höhe von 110 Zentimetern und ein Gewicht von 105 Kilogramm.**

479. Der Sporthistoriker Heiner Gillmeister vertritt die Theorie, Tennis sei aus einer Frühform des Fußballs entstanden.

480. Die russische Tennisspielerin Maria Scharapowa brachte ihre eigene Fruchtgummi-Marke mit dem Namen Sugarpova heraus.

481. Tennisspielern steht pro Spiel eine Toilettenpause zu. Diese darf ab jenem Moment, in welchem der Spieler die Toilette betritt, nur drei Minuten dauern. Dazu haben die Spieler weitere zwei Minuten, um ihr Outfit zu wechseln.

482. Jener Wilson-Schläger, mit dem Billie Jean King 1973 gegen Bobby Riggs spielte, wurde bei einer Auktion für 125 000 US-Dollar verkauft und gilt als der teuerste Tennisschläger aller Zeiten.

483. Der amerikanische Tennisprofi Sandgren trägt den Vornamen Tennys.

**484. Norman Brookes trug bei seinem Wimbledon-Sieg 1914 eine Schiebermütze.**

485. Österreichischer Daviscup-Rekordspieler ist Jürgen Melzer. Er kam bei 38 Begegnungen in 78 Partien zum Einsatz.

**486. Der Italiener Giorgio de Stefani vergab 1930 bei seinem Daviscup-Duell gegen den Amerikaner Wilmer Allison insgesamt 18 Matchbälle und verlor die Partie.**

487. In Deutschland gibt es einen Fußballklub mit dem Namen Tennis Borussia Berlin.

**488. Während des Halbfinalspiels zwischen Alexander Zverev und Dominik Köpfer in der mexikanischen Stadt Acapulco ereignete sich ein Erdbeben mit der Stärke 5,7 auf der Richterskala.**

489. Bei den US Open 2017 gab ein 55-jähriger Mann sein Debüt als Balljunge.

490. Das französische Tennisstadion Roland Garros wurde während des Zweiten Weltkriegs zu einem Gefangenenlager umfunktioniert.

491. Der Tennisprofi mit den meisten Abonnenten auf der Social-Media-Plattform Instagram ist Rafael Nadal. Ihm folgen dort 16 Millionen Menschen.

**492. Der 97-jährige Ukrainer Leonid Stanislavsky gilt laut dem Guinnessbuch der Rekorde als ältester aktiver Tennisspieler der Welt.**

493. Roger Federer zog sich einst einen Meniskusschaden zu, als er seinen Töchtern ein Bad einlassen wollte.

494. Ivo Karlovic trägt die Schuhgröße 53.

495. Das Preisgeld für das Turnier in Wimbledon betrug 2022 insgesamt 47,09 Millionen Euro.

496. Der ehemalige neuseeländische Tennisspieler Chris Lewis litt unter starker Flugangst. Er saß dreimal in Flugzeugen, die notlanden mussten.

**497. Seit dem Jahr 2002 ist Lacoste offizieller ATP-Partner.**

498. Der Zypriote Marcos Baghdatis war 2006 laut einer Umfrage die zweitbekannteste Person seines Heimatlandes. Prominenter als er war nur der damalige Staatspräsident Tassos Papadopoulos.

**499. Aufgrund seiner Popularität entschied die zypriotische Regierung, Baghdatis den eigentlich verpflichtenden Militärdienst zu erlassen.**

500. Der Waliser Walter Clopton Wingfield (1833–1912) gilt als Erfinder des Rasentennis und schrieb zwei Regelbücher zum Sport. 1997 wurde er in die International Hall of Fame aufgenommen.

# Die besten Sprüche aus der Tenniswelt

»Einer Gesellschaft, die man damit unterhalten kann, dass zwei Menschen einen Ball hin- und herschlagen, ist alles zuzutrauen.« – Manfred Rommel (1928–2013)

»Ich spiele beidhändig, weil ich mit einer Hand die Leute in meiner Umgebung umbringen würde.« – Marion Bartoli (*1984)

**»Das Frustrierende am Tennis ist, dass, egal wie gut ich werde, ich werde nie besser sein als eine Wand.« – Mitch Hedberg (1968–2005)**

»Verlieren ist wie gewinnen. Nur umgekehrt.« – Marc-Kevin Göllner (*1970)

**»Jeder gute Tennisspieler darf nur ein kurzes Gedächtnis haben.« – Alexander Zverev (*1997)**

»Tennis ist eine perfekte Kombination aus brutaler Action in einer Atmosphäre der absoluten Ruhe.« – Billie Jean King (*1943)

**»Kinder lieben mich, weil sie vermutlich rasch merken, dass ich mich geistig auf ihrem Niveau bewege.« – Andy Roddick (*1982)**

»Wenn du etwas am besten kannst im Leben, willst du das niemals aufgeben. Für mich ist das Tennis.« – Roger Federer (*1981)

**»Das kann nicht Ihr Ernst sein.« – John McEnroe (*1959)**

»Was für ein höflicher Sport Tennis doch ist. Das meistverwendete Wort scheint ›Entschuldigung‹ zu sein.« – James M. Barrie (1860–1937)

»Tennis hat mir eine Seele gegeben.« – Martina Navratilova (*1956)

# Hier ist Platz für die eigene Faktensammlung!

..............................................................................................

..............................................................................................

..............................................................................................

..............................................................................................

..............................................................................................

..............................................................................................

..............................................................................................

..............................................................................................

..............................................................................................

..............................................................................................

..............................................................................................

..............................................................................................

..............................................................................................

..............................................................................................

..............................................................................................

..............................................................................................

..............................................................................................

..............................................................................................

..............................................................................................

**Text:** Manuel Tonezzer
**Layout:** Stiebner Verlag GmbH, basierend auf einem Entwurf von Roman Bold Black, Köln
**Lektorat:** Dr. Verena Stindl
**Illustrationen Innenteil:** Design Studio RM – stock.adobe.com, PrintingSociety – stock.adobe.com (Rollstuhltennis)
**Covergestaltung:** Pierre Sick; **Coverfoto:** IMAGO / Hasenkopf
**Gedruckt bei:** AsiaPacificOffset, Türkei

Bibliografische Information der Deutschen Nationalbibliothek:
Die Deutsche Nationalbibliothek verzeichnet diese Publikation in der Deutschen Nationalbibliografie; detaillierte bibliografische Daten sind im Internet über http://dnb.dnb.de abrufbar.

ISBN 978-3-7679-1294-6

1. Auflage 2022
© 2022 Copress Verlag in der Stiebner Verlag GmbH, Lothstraße 4, 80335 München

Wir produzieren unsere Bücher mit großer Sorgfalt und Genauigkeit. Trotzdem lässt es sich nicht ausschließen, dass uns in Einzelfällen Fehler passieren. Auf unserer Webseite finden Sie bei dem jeweiligen Titel eventuelle Hinweise und Korrekturen. Sollten Sie in diesem Buch einen Fehler finden, so bitten wir um einen Hinweis an verlag@stiebner.com. Für solche Hinweise sind wir sehr dankbar, denn sie helfen uns, besser zu werden.

www.copress.de